COMO MOTIVAR SEUS FILHOS

SCOTT TURANSKY
JOANNE MILLER

COMO MOTIVAR SEUS FILHOS

A importância das palavras usadas pelos pais para orientar os filhos

Tradução de
Ana Paula Argentino

THOMAS NELSON
BRASIL®

Rio de Janeiro, 2016

Título original: *Motivate Your Child — A Christian Parent's Guide to Raising Kids Who Do What They Need to Do Without Being Told*

As citações bíblicas são da *Nova Versão Internacional* (NVI), da Biblica, Inc., a menos que seja especificada outra versão da Bíblia Sagrada.

PUBLISHER	*Omar de Souza*
EDITORES	*Aldo Menezes e Samuel Coto*
COORDENAÇÃO DE PRODUÇÃO	*Thalita Ramalho*
PRODUÇÃO EDITORIAL	*Luiz Antonio Werneck Maia*
COPIDESQUE	*Jaciara Lima*
REVISÃO	*Daniel Borges e Samuel Gonçalves Lima*
CAPA	*Wesley Mendonça*
DIAGRAMAÇÃO	*Abreu's System*

CIP-BRASIL. CATALOGAÇÃO NA PUBLICAÇÃO
SINDICATO NACIONAL DOS EDITORES DE LIVROS, RJ

T843c

Turansky, Scott
Como motivar seus filhos : A importância das palavras usadas pelos pais para orientar os filhos / Scott Turansky, Joanne Miller ; tradução Ana Paula Argentino. - 1. ed. - Rio de Janeiro : Thomas Nelson Brasil, 2016.

Tradução de: Motivate your child
ISBN 978.85.7860.834-7

1. Família. 2. Pais e filhos 3. Vida cristã. I. Miller, Joanne. II. Ana Paula Argentino. III. Título.

CDD: 248.845
CDU: 27-75

Thomas Nelson Brasil é uma marca licenciada à Vida Melhor Editora S.A.

Rua Nova Jerusalém, 345 – Bonsucesso
Rio de Janeiro – RJ – CEP 21042-235
Tel.: (21) 3882-8200 – Fax: (21) 3882-8212 / 3882-8313
www.thomasnelson.com.br

Sumário

Parte 2: O desenvolvimento espiritual nos filhos

Introdução

Visualizando o destino

A felicidade pode ser encontrada no destino; o caráter, porém, é construído durante a jornada.

A câmera filma as montanhas cobertas de neve, focando em uma estância com esquiadores felizes na rampa de esqui do Colorado. Então, a cena muda para uma praia no Havaí, com duas pessoas rindo enquanto brincam nas ondas. Conforme você observa a beleza, imagina: "Afinal de contas, esse comercial é sobre o quê? Com certeza é convidativo." Imediatamente, a resposta surge na tela. É um anúncio de uma agência de viagem.

Quando uma agência de viagem elabora uma propaganda, ela não mostra o interior do escritório da equipe. Em vez disso, mostra aonde pode levá-lo e os lugares para os quais você pode viajar. Praias encantadoras, montanhas majestosas e lugares exóticos fornecem uma visão de novas possibilidades.

Da mesma maneira, queremos convidá-lo a tirar os próximos minutos para vislumbrar o que acontece com você e sua família quando se trabalha a motivação interna em seus filhos. Sinceramente, é provável que você precise fazer algumas mudanças no modo como cria seus filhos; então, é importante ter uma visão maior. Quando reconhecemos a importância de olhar para o futuro, tendemos a nos comprometer com isso.

Neste livro, você aprenderá como desenvolver a automotivação em seus filhos. Quando os pais trabalham no desenvolvimento espiritual e moral de forma deliberada, seus filhos acumulam novas capacidades no coração. E é o coração que contém os princípios de operação de uma criança.

O GPS de Deus

O desenvolvimento moral e espiritual aumenta a motivação interna. Coisas incríveis acontecem quando ensinamos e treinamos as crianças com relação a essas duas áreas. As estratégias específicas de educação dos filhos irão ajustar os padrões comuns de relacionamento, e você verá as mudanças acontecerem no coração do seu filho.

Se visualizar o destino, irá pensar onde quer que seu filho esteja daqui a 25 anos. Feche os olhos e tente pensar no futuro. Como o seu filho será? Imagina um emprego ou um casamento? Quem sabe como será? Mas também pode visualizar itens como integridade, forte ética de trabalho, responsabilidade e uma fé sadia. Se seu filho ou sua filha possuir esses itens, então, aconteça o que acontecer, eles estarão preparados. Ter o objetivo sempre em mente fornece uma motivação maior nos desafios que enfrentamos e nas decisões que tomaremos no próximo ano, no próximo mês, na próxima semana e até mesmo hoje.

Sabemos que você deseja que seus filhos sejam bem-sucedidos. É por isso que considera cuidadosamente as opções escolares, incentiva as atividades extracurriculares e ajuda seus filhos a escolherem os amigos de maneira sábia. Todavia, alguns pais definem o termo “bem-sucedido” como ter um bom emprego ou ser feliz na vida. Eles confundem o destino com a jornada. Se tentar dar aos filhos o destino, dando-lhes todos os bens materiais que vêm como resultado do sucesso humano, talvez descubra que seus filhos são desprovidos de caráter para lidar com eles.

Por outro lado, os pais que dão ênfase à jornada são aptos para ajudar os filhos a entenderem a vida, superarem os desafios e saberem como ler o mapa. Com o tempo, essas crianças não só serão bem-sucedidas espitiitualmente, mas também compreenderão como chegaram lá e o que é importante na vida.

Educar os filhos é o processo de dar-lhes as ferramentas para navegar a vida. Falando em ferramentas, o GPS é uma invenção maravilhosa. Ele ajuda a guiar um motorista de um lugar para o outro, evita engarrafamentos e encontra várias atrações pelo caminho. Mas um GPS é tão importante quanto os dados nos quais ele se baseia. Não é incomum seguir o GPS até o restaurante mexicano prometido só para encontrar um terreno vazio ou uma área residencial.

O problema ocorre quando os pais confundem o destino com a jornada.

Um casal, dirigindo a partir de Klamath Falls, Oregon, ficou preso em uma imensa tempestade de neve por três dias porque seguiram as instruções do GPS. O pequeno dispositivo levou-os a pegar uma estrada pequena como atalho através das montanhas para chegarem aonde queriam. Infelizmente, não foi uma boa ideia pegar a estrada de terra batida. Ficaram andando em círculos pelas montanhas e, quando a tempestade de neve veio, não foi mais possível seguir viagem. O GPS havia indicado o caminho mais curto, mas, nesse caso, não era a rota mais segura. A sedução pelo atalho levou esse casal a um desvio indesejável.

Sabemos que você gostaria que seu filho fosse mais automotivado quando você está tentando sair de casa pela manhã, ou quando ele está fazendo o dever de casa, as tarefas domésticas ou tentando ser agradável com os irmãos ou as irmãs. Você aprenderá a construir essa motivação interna nos próximos capítulos. Mas é importante entender de onde vem o senso interno de responsabilidade e de compaixão. Uma boa teologia sobre o coração humano pode equipá-lo para as atividades e tarefas diárias. Você vai aplicar essa teologia em seus filhos estejam eles na pré-escola, no Ensino Fundamental ou sejam adolescentes. À medida que avança na leitura, falaremos e reiteraremos sobre uma visão de longo prazo para seus filhos e sobre como lidar com as responsabilidades diárias da vida.

Deus criou um GPS interno no coração humano. Ele é constituído de dois itens: uma fé sólida e uma boa consciência. Ambas trabalham juntas para ajudá-lo a percorrer impecavelmente as estradas da vida; então, você não vai escolher simplesmente o caminho mais conveniente, mas, sim, o mais sábio. Elas ajudam a fazer as escolhas com base na convicção interna em vez de simplesmente agir para obter algum tipo de recompensa. Não acredite só em nossa palavra. Vamos dar uma olhada nas Escrituras.

> Uma boa teologia sobre o coração humano pode equipá-lo para as atividades e tarefas diárias.

Paulo, ao encorajar o jovem Timóteo a ser sábio na condução de sua vida, descreveu a fidelidade desta forma: "...mantendo a fé e a boa consciência..." Ele continuou dizendo: "...alguns rejeitaram e, por isso, naufragaram na fé..." (1Timóteo 1:19). De todas as coisas que Paulo podia ter usado para descrever a diferença entre aqueles que permaneceram no caminho e aqueles que naufragaram na fé, ele escolheu estas duas: a *fé* e a *boa consciência.* Essas duas ferramentas de navegação interna foram feitas para manobrar o coração humano através dos desafios da vida.

O propósito deste livro é definir essas duas ferramentas e fornecer estratégias práticas para dar a seus filhos um GPS confiável e preciso para seus corações. Transmitir a fé aos filhos e ajudá-los a desenvolver uma consciência limpa e forte são estratégias para o sucesso na vida. O Espírito Santo utiliza essas ferramentas enquanto dirige e guia as ações diárias individuais de uma pessoa.

Não é muito útil olhar para um mapa depois que você já chegou ao final da jornada. É melhor usá-lo como uma ferramenta para levá-

-lo de onde você está até onde você precisa estar. As crianças conseguem entender a leitura do mapa e a navegação à medida que os pais caminham pela vida junto deles. Existe muito o que aprender sobre traçar a melhor rota e então alterar o percurso para evitar os problemas, ou perseverar nele para vencê-los. Algumas curvas perigosas ou *icebergs* ocultos são difíceis de ser vistos com antecedência sem um aplicativo de navegação. Os navios encalham e os carros caem em penhascos por causa de uma navegação ruim.

Quando os pais fornecem o destino sem a rota, as crianças muitas vezes não desenvolvem o caráter e, assim, faltam as ferramentas necessárias para o sucesso. Por outro lado, quando os pais ensinam seus filhos a navegar pela vida e ancorar suas decisões com base nas direções e nos sinais de Deus, seus filhos podem encontrar seu caminho para novas alturas e um território desconhecido. Neste livro, vamos mostrar como.

Tudo se resume ao coração

O coração, como a Bíblia define, é um pedaço de um equipamento complexo inserido em cada pessoa. Jesus disse em Mateus 12:34: "A boca fala do que está cheio o coração." A realidade é que o problema acontece primeiro no coração antes de acontecer no comportamento. Essa era basicamente a mensagem de Jesus no Sermão da Montanha. Por exemplo, ele alertou sobre a semelhança entre a ira, que começa no coração, e o assassinato. Ambos são formas de vingança. Sobre o adultério, ele disse: "Qualquer que olhar para uma mulher para desejá-la, já cometeu adultério com ela *no seu coração*." (Mateus 5:28, ênfase do autor).

Uma enorme parte da motivação interna são as crenças, e elas moram dentro do coração e impactam a tomada de decisão diária. A cada semana, quando você interage com seu filho com relação às coisas espirituais, você irá contribuir para o entendimento espiritual sadio dele sobre Deus, o mundo e o próprio coração. E porque você está fazendo isso constantemente, a vida espiritual dos seus filhos se tornará interligada ao que eles fazem e ao que pensam.

Além disso, as crianças estão desenvolvendo o caráter moral em uma velocidade rápida. Elas estão determinando em seus corações a diferença entre o certo e o errado. As estruturas básicas da moral crescem juntas para transformá-las na pessoa que Deus planejou. Isso não acontece por acidente. Os desenvolvimentos moral e espiritual acontecem ao mesmo tempo, e o seu trabalho tem um impacto duradouro. Contudo, o desenvolvimento da consciência é mais do que simplesmente o desenvolvimento da moral. Esta ajuda as crianças a desenvolverem uma noção de responsabilidade. Considere os exemplos a seguir.

Ricardo tem cinco anos. Ele tem dificuldade de seguir instruções e sempre se comporta mal. O pai tem de discipliná-lo com regularidade por sua conduta inadequada.

Em certo momento, o pai sentou-se com Ricardo e explicou por que sua atitude era um problema. "Ricardo", disse ele, "você vai receber instruções pelo resto da vida. Às vezes, você não vai querer fazer o que será solicitado. Uma das tarefas que Deus planejou para você em nossa família é aprender como seguir as instruções com uma boa atitude. Com a obediência estão os ingredientes secretos de que você irá precisar para ter sucesso na vida. Então, vamos praticar as seguintes instruções com uma boa atitude, de um jeito que agrade a sua mãe, a mim e a Deus."

Toda noite, quando o pai colocava Ricardo para dormir, ele orava para que Deus tornasse Ricardo forte, para que ele pudesse seguir as instruções com uma boa atitude. Ele usou uma abordagem multifacetada para ajudar na transformação do filho, incluindo o diálogo, a firmeza, a oração e a prática. Visualizar o geral, com muito trabalho diário, ajudou Ricardo a fazer mudanças significativas em sua atitude com relação a seguir as instruções.

Uma mãe acreditava que sua filha, Su, com 13 anos, estava muito dominada pelos eletrônicos. A mãe percebeu que o problema espiritual verdadeiro tinha a ver com Su querer agradar a si mesma em vez de pensar nos outros. A mãe decidiu limitar o tempo do uso do computador e do videogame e se reuniu com a filha para planejar meios de pensar nos outros, tanto em casa quanto fora da família. Ela disse para a filha: "Deus ajudou os filipenses a aprenderem a pensar nos outros. Na carta que Paulo escreveu para eles, disse: 'Nada façam por ambição egoísta ou por vaidade, mas humildemente considerem os outros superiores a si mesmos. Cada um cuide, não somente dos seus interesses, mas também dos interesses dos outros' (Filipenses 2:3-4). Queremos ser assim também." Juntas, elas fizeram planos de como valorizar as pessoas, e toda noite a mãe perguntava para Su: "Qual gesto de bondade você fez hoje?" A mãe usou as Escrituras de uma maneira positiva para ajudar a filha a ver que seu propósito de vida não era se divertir, mas ajudar os outros.

A mãe usou as Escrituras de uma maneira positiva para ajudar a filha a ver que seu propósito de vida não era se divertir, mas ajudar os outros.

Juan, nove anos, era malvado com seu irmão de seis, Carlos. Carlos se irritava facilmente e todos sabiam disso. Juan acreditava que, se seu irmão era assim, ele tinha o direito de ser malvado com ele. Afinal de contas, ele merecia isso. O pai e a mãe decidiram fazer algumas mudanças. Queriam ajudar Juan a desenvolver o tipo de compaixão que Jesus tinha. Em vez de fazer ameaças e planos de castigo, decidiram que, toda noite antes de ir para a cama, eles entrariam no quarto do menino e, com Juan, orariam por Carlos. Juan e seus pais oravam para que Carlos aprendesse a ter consciência de como suas ações estavam irritando os outros.

Após poucos dias de oração, eles começaram a ver as mudanças em Juan. O jeito que ele se relacionava com seu irmão havia mudado. Ele estava mais disposto a ajudar Carlos a ver o que o estava irritando e o aconselhava sobre o que ele podia fazer de diferente. Quando perguntado, Juan disse: "Eu costumava ficar bravo com o Carlos e então eu ficava malvado. Mas agora eu não estou mais bravo. Sinto muito por ele e então eu só peço para ele parar com isso, e ele para."

Ricardo, Su e Juan fizeram mudanças em suas vidas porque seus pais usaram uma abordagem baseada no coração. A maioria dos filhos irá necessitar de várias estratégias, tais como a firmeza, a repreensão, as consequências e o ensino; mas, em meio a isso tudo, deve existir uma essência que ajude as crianças a mudarem seus corações e não somente o comportamento. Os pais devem ver que seus filhos são motivados internamente, em vez de confiar nas coisas externas para motivá-los, tais como a recompensa e o castigo.

À medida que você avança na leitura, aprenderá sobre os três níveis de mentalidade que contribuem para o desenvolvimento moral e espiritual. O nível 1 de mentalidade é aquele de que as crianças se ocupam todos os dias, pensando nelas mesmas e em suas próprias atividades. O nível 2 de mentalidade impõe a responsabilidade nas crianças de qualquer idade. Ela foca nas outras pessoas, nas outras tarefas e no tempo. O nível 3 de mentalidade considera o que Deus pode fazer na situação atual, além de aumentar a maturidade de uma criança. Esses níveis superiores de mentalidades aumentam a motivação interna. Quando adaptar suas estratégias de criação para aprimorar esses outros níveis de mentalidade, você irá maximizar o trabalho que faz no coração do seu filho.

> O nível 2 de mentalidade impõe a responsabilidade nas crianças de qualquer idade.

Este livro tem em vista o destino final, mas também trata das ferramentas para a jornada. Iremos ajudá-lo a estabelecer o que é necessário para chegar lá e então analisar as soluções em cada passo que você poderá dar com seu filho. Ao ler este livro, você descobrirá novas ideias e estratégias. Poderá encontrar algumas confirmações para as várias coisas que já está fazendo muito bem. Também poderá ser desafiado a alterar várias maneiras com que você está trabalhando atualmente com seus filhos. Sabemos que coisas maravilhosas irão acontecer. Conversas estratégicas com seus filhos irão pontuar mudanças importantes, mas essas mudanças virão devido ao trabalho diário que você fizer para orientar continuamente seu filho para a direção certa, dar as oportunidades para pensar em conceitos divinos e disciplinar de maneira que ensine e não somente puna.

Enquanto estudamos a motivação interna com você neste livro, forneceremos maneiras simples de colocar tudo isso em prática. Discutiremos como usar as consequências em uma abordagem baseada no coração, aumentar o impacto emocional das palavras que você diz ao seu filho e como estimular seus devocionais, pois seus filhos irão aprender a ouvir a Deus.

Resumindo, você está conduzindo seus filhos pela aventura da vida. Todos os dias eles aprendem com você, observam como você trabalha e reagem às suas expectativas. Nos primeiros capítulos deste livro, você vai conhecer bastante uma teologia preciosa sobre o coração humano que irá lançar você em soluções empolgantes para construir a automotivação em seus filhos.

PARTE 1

O desenvolvimento moral nos filhos

1

Motivação interna *versus* motivação externa

A motivação externa suprime a iniciativa, diminui a criatividade e rouba de alguém a satisfação por uma realização.

Anna e Dave Correra ficavam frustrados toda manhã tentando fazer as crianças saírem de casa. Era como se cada uma precisasse de um assistente particular para fazer as coisas fluírem. Esses pais sempre brincavam que seus filhos precisavam de serviços geriátricos, assim como a avó precisava no asilo.

O pai e a mãe desejavam que seus filhos fossem motivados internamente a fazerem o que é certo, em vez de recorrerem aos estímulos dos pais para fazerem as coisas. No entanto, os filhos esperavam pelas instruções para cada tarefa. "Já se vestiu?", "Tomou o café?", "Penteie seu cabelo", "Pegue sua mochila na porta", "Onde estão seus sapatos?", e assim por diante. O pai e a mãe perceberam que eles funcionavam como a consciência de cada um dos filhos, empurrando-os para frente em cada passo do caminho. Era hora da mudança.

Dave e Anna não gostavam da perturbação e estavam frustrados pelo padrão que havia se desenvolvido. Seus filhos precisavam aprender a agir de um jeito melhor. Logo diremos o que eles fizeram, mas vamos primeiro dar um pouco de informação para entender a nova metodologia.

Desenvolvendo a consciência

O estudo do desenvolvimento moral nas crianças não vem de um livro de psicologia. Ele vem da Bíblia. Para melhorar ao máximo a educação dos filhos, é importante vê-los a partir da perspectiva bíblica e entender como eles são criados. O propósito da consciência é revelar para cada pessoa que Deus existe e que há o certo e o errado.

Nos próximos capítulos, compartilharemos maneiras práticas para usar a consciência no seu treinamento para construir a motivação interna em seus filhos. No capítulo 4, mostraremos como você pode usar o treinamento da consciência para aumentar a responsabilidade em uma criança de qualquer idade. No capítulo 5, você vai aprender como ajudar os filhos a assumirem responsabilidade pelos erros em vez de culpar os outros. No capítulo 7, vai aprender como usar a consciência para ajudar os filhos a vencerem as tendências egoístas e se importarem com as outras pessoas. Um estudo sobre a consciência capacita os pais com uma nova caixa de ferramentas para o treinamento de consciência dos filhos. Mas, antes de chegarmos às ferramentas, vamos continuar com mais teologia para que você possa dedicar-se à sua tarefa de criar os filhos na sua fé.

É justo dizer que Deus colocou a consciência dentro do ser humano para fornecer uma motivação interna de buscá-lo e entregar o coração a ele. A consciência está em uma missão e, somente quando ela encontra a salvação através de Jesus Cristo, ela está completa. Entretanto, após a salvação, qual a utilidade da consciência? É o fim de seu propósito? De acordo com a Bíblia, não. Paulo já era cristão havia muitos anos antes de escrever esta frase em Atos 24:16: "Procuro sempre conservar minha consciência limpa diante de Deus e dos homens." Paulo sabia o valor de uma consciência limpa e compreendeu que era necessário empenho para mantê-la assim.

Educar de maneira que desenvolva a consciência traz muitos benefícios. Primeiro, ajuda as crianças a entenderem que há o certo e o errado. Não só isso: ensina também como escolher e se posicionar para o que é certo e lidar com o que é errado de maneira sábia. A consciência valoriza a integridade, então, ela ajuda os filhos quando eles são tentados a serem desonestos. Além disso, motiva as crianças a pensar nos outros, não só nelas mesmas.

O desenvolvimento da consciência ajuda os filhos a viverem em dois níveis de mentalidade ao mesmo tempo. A vida não é só se divertir com um brinquedo, alimentar-se ou cuidar de si próprio. Quando ensinamos a responsabilidade, cada atividade tem uma segunda dimensão. As crianças aprendem a lidar com o horário, monitorar sua própria lealdade e ponderar como suas ações atuais afetam as outras pessoas. Infelizmente, algumas crianças vivem apenas no nível 1, pensando na próxima tarefa, e então confiam piamente nos pais para administrarem o nível 2. Os pais estão convivendo sempre com o nível 2 de mentalidade e, na verdade, acabam se tornando a consciência dos filhos. Eles falam para as crianças que horas são, conferem se eles estão com as tarefas na mochila e são rápidos para chamar a atenção quando a maldade se faz presente.

O desenvolvimento da consciência ajuda os filhos a viverem em dois níveis de mentalidade ao mesmo tempo.

As crianças precisam desenvolver o nível 2 de mentalidade em suas próprias vidas, e isso ocorre quando os pais treinam os filhos para pensarem além da próxima tarefa. Esse nível de mentalidade é aprimorado através do exercício da consciência. As crianças precisam sempre se perguntar: "Estou fazendo a coisa certa?", "Será que devo ajudar os outros?", "Estou em dia com as tarefas?" Até as crianças mais novas podem começar a desenvolver o nível 2 de mentalidade à medida que levarem em consideração a necessidade dos outros, terminarem uma atividade antes de iniciarem outra e aprenderem a ser gratos em vez de fazer os outros sentirem-se tristes com queixas e reclamações.

Uma consciência forte fornece aos filhos uma motivação interna para serem responsáveis e para fazerem a coisa certa mesmo quando não estão com vontade. Quase todas as áreas de educação dos filhos tirariam proveito da abordagem da consciência. Os pais podem trabalhar com os filhos de um modo que estimule a orientação interna para ajudá-los pelo resto da vida.

Deus projetou a consciência para manter o coração caminhando na direção certa. O coração fornece a motivação interna; a consciência estimula o coração; assim, a motivação interna permanece no caminho certo. Entretanto, a consciência por si só é apenas uma ferramenta. Ela não é o parâmetro máximo para o certo e o errado. Paulo esclareceu isso em 1Coríntios 4:4: "Embora em nada minha consciência me acuse, nem por isso justifico a mim mesmo; o Senhor é quem me julga." Uma criança que só se vinga pode ter um sentimento temporário de satisfação e uma consciência tranquila. Mas isso não justifica as atitudes. Alguém pode dizer que se sente em paz ao desobedecer a Deus. Isso não torna a desobediência algo correto.

> Deus projetou a consciência para manter o coração caminhando na direção certa.

A consciência precisa de treinamento. Por isso Deus deixou outro espaço dentro do coração humano para completar o sistema de direção interna. A consciência é elevada pela presença do próprio Deus vivendo e morando dentro de nós. 1Coríntios 3:16 faz a pergunta retórica: "Vocês não sabem que são santuário de Deus e que o Espírito de Deus habita em vocês?" Quando se aceita Jesus como seu Senhor e Salvador, o Espírito Santo habita dentro do coração de quem o faz.

Por engano, algumas pessoas creem que o Espírito Santo e a consciência são a mesma coisa. Eles não são, e os muitos versículos neste capítulo indicam a identidade própria de cada um deles. A consciência é um elemento humano. É um equipamento de operação comum a todos nós, jovens ou idosos. O Espírito Santo é uma pessoa que vem habitar no coração no Segundo Nascimento, que a Bíblia chama de salvação. O Espírito Santo não toma o lugar da consciência, mas, sim, a capacita para fazer o trabalho que ela precisa fazer.

A consciência e o Espírito Santo enviam constantemente mensagens para o coração sobre o que está certo e o que está errado. A consciência é a tutora do coração, para mantê-lo no rumo certo. É apenas uma entidade humana e, consequentemente, é imperfeita. Às vezes, as mensagens são mal interpretadas, mal compreendidas ou simplesmente rejeitadas. Conforme os pais treinam seus filhos, boa parte do trabalho deles é esclarecer o papel e a função da consciência, assim, os filhos, com o passar do tempo, dependerão cada vez menos do pai e da mãe e cada vez mais do Senhor na vida deles. O treinamento espiritual descrito na segunda seção deste livro é essencial para a formação sadia da consciência e contribui grandemente para o nível três de mentalidade.

O nível 3 de mentalidade faz as perguntas acerca de Deus, sua obra no mundo e sobre as ramificações das ações atuais do ponto de vista espiritual. Não existem muitas pessoas que alcançam esse nível de mentalidade, mas, com treinamento, até mesmo as criancinhas podem desenvolver princípios saudáveis. O nível 3 de mentalidade ouve sobre uma tragédia em outro país e faz as perguntas sobre os cristãos daquela área e como o acontecimento pode afetá-los. Ele está seguindo um estímulo de orar por alguém quando se ouve sobre uma experiência difícil. À medida que as crianças aprendem a ouvir os estímulos do Espírito Santo em suas vidas, elas geralmente desenvolvem uma sensibilidade espiritual maior que a de muitos adultos. Essa mentalidade, influenciada pelo Espítuto Santo, auxilia a consciência a construir uma maturidade significativa sobre os fatos da vida.

O desafio do desenvolvimento da consciência é ajudar as crianças a se tornarem mais sensíveis aos estímulos internos que vivenciam e a ter o caráter de avaliar esses estímulos e reagir apropriadamente. Se você perguntar a uma criança: "Por que você faz o que é certo?", qual é a resposta típica? A maioria das crianças dirá: "Para que eu não fique encrencado." É aí que você pode mostrar a essa criança Romanos 13:5, que diz: "É necessário que sejamos submissos às autoridades, não apenas por causa da possibilidade de uma punição [motivação externa], mas também por questão de consciência [motivação interna]." As crianças podem aprender a serem motivadas internamente; porém, muitas vezes, é necessário, uma mudança nos pais para que isso aconteça.

Se você perguntar a uma criança: "Por que você faz o que é certo?", qual é a resposta típica? A maioria das crianças dirá: "Para que eu não fique encrencado."

Observe que voltamos para a mesma palavra: *consciência*. A palavra grega usada trinta vezes no Novo Testamento para *consciência* é *syneidesis* e significa literalmente "o eu que conhece". Curiosamente, não há nenhuma palavra hebraica para *consciência*, mas a ideia certamente é ensinada no Antigo Testamento, e vamos explorar alguns dos ensinamentos relevantes e como ele se aplica à criação dos filhos.

Muitas crianças dependem mais de fontes externas do que internas. Para ocorrer essa mudança, elas precisam de treinamento. Às vezes, as crianças aprendem a depender de fontes externas por causa da maneira que são educadas. Um estudo bíblico da consciência abre a porta para novas formas e práticas de treinar as crianças.

Um erro comum ao educar os filhos que impede o desenvolvimento da consciência

A maioria dos pais foi criada naquilo que é chamado de "modificações do comportamento". Ivan Pavlov descobriu este sistema no começo de 1900 enquanto trabalhava com cães. Ele aprendeu que poderia mudar o comportamento dos cães e fazê-los salivar, dando-lhes comida enquanto tocava uma sineta. Depois de vários dias fazendo isso, ele tocava a sineta sem o alimento e os cães ainda salivavam. Assim, ele treinou os cães para salivarem ao som da sineta. Isso pode não parecer muito importante na visão maior das coisas, mas teve ramificações importantes para o treinamento dos animais. Desde então, os treinadores têm usado recompensas para conseguir que os animais façam todo tipo de coisas.

Na década de 1920, um homem chamado John B. Watson começou a usar a modificação comportamental nas pessoas. Funcionou. Elas mudavam quando uma recompensa lhes era dada. Então, não demorou muito para que os novos programas de mudança de comportamento se tornassem a norma. Os programas para parar de fumar, os planos de perda de peso e todos os tipos de programas de aprendizagem usavam a modificação de comportamento para ajudar as pessoas a mudar. Em pouco tempo, as técnicas eram o modelo para trabalhar com as crianças na sala de aula e, por fim, em casa. Assim é um lar típico atualmente.

Sandra tem quatro anos. Você pode sempre ouvir a mãe dela dizer frases do tipo: "Sandra, guarde os brinquedos para poder lanchar." "Termine de se vestir, assim você pode sair e brincar." A mãe aprendeu que, se ela disser a Sandra que a menina terá uma recompensa, é bem provável que Sandra faça a tarefa. O problema é que a mãe está apelando para o egoísmo de Sandra para fazer as coisas.

Pode ser fácil conseguir que uma criança em idade pré-escolar faça o que você quer dando-lhe algum tipo de recompensa; mas, à medida que ela ficar mais velha, você terá que aumentar o valor da recompensa para obter a mesma respsota. Você pode motivar uma criança da pré-escola com 25 centavos, mas precisará de um real quando ela completar sete anos, cinco reais quando ela completar dez, e você estará lhe pagando vinte reais aos 13 anos. Se continuar usando o mesmo sistema, quando ela estiver no Ensino Médio, terá quc lhc prometer um carro para que ela se forme.

A explicação é clara. A modificação comportamental requer que você dê uma recompensa maior do que o desejo de fazer algo diferente. Você está simplesmente recompensando uma criança para fazer algo que ela prefere não fazer, usando algo que ela queira.

A modificação comportamental funciona porque apela para o egoísmo no coração de uma criança. Infelizmente, as crianças crescem fazendo as perguntas erradas: "Qual a vantagem disso para mim?" e "O que eu ganho com isso?".

Alguns pais classificam seus filhos como teimosos por causa da dificuldade para que eles façam até a menor das coisas. Lamentam: "Nada funciona." Eles dizem: "Ele não se importa se eu privá-lo de tudo; ele não vai mudar." "Ela não liga para recompensas, a viagem neste fim de semana ou a sobremesa."

As crianças teimosas sabem o que querem e não são facilmente dissuadidas. Por quê? Porque as crianças que são caracterizadas como "teimosas" já têm altos níveis de motivação interna e são menos afetadas por motivações externas. Essas crianças desafiam o sistema de modificação comportamental baseado em recompensa e punição. As sugestões deste livro são apenas as ferramentas necessárias para orientá-las na direção certa, abrindo novas estratégias de educação dos filhos para os pais que já estão cansados.

É incrível como muitos de nós fomos fortemente influenciados pelo humanismo secular. Os pais querem que seus filhos sejam motivados internamente; porém, às vezes, suas estratégias produzem um efeito contrário. Alguns pais vão tão longe para treinar seus filhos, como se eles fossem animais, que enfatizam demais, de maneira descuidada, as recompensas e as punições. Quando isso acontece, os pais perdem as enormes oportunidades que uma abordagem baseada no coração oferece para a educação dos filhos. Na realidade, os pais que têm fé percebem que existe outro grande rol de ferramentas para educar que está relacionado ao coração. Esses pais ajudam os filhos a progredirem mais rápido e a fazerem também mudanças duradouras.

As crianças que são motivadas internamente tendem a fazer coisas por razões diferentes. Em vez de se preocuparem em obter algo de suas ações, elas se perguntam: "Qual é a coisa certa a se fazer?" Esse tipo de motivação deve-se a uma abordagem diferente dos pais. Chamamos isso de *abordagem baseada no coração* para educar os filhos.

Ela ensina a motivação interna para as crianças e aproveita a obra da consciência e do Espírito Santo.

Resolver a situação da família Correra

Vamos voltar à rotina matinal da família Correra. Os filhos de Dave e Anna têm cinco, sete e dez anos. Dave vai para o trabalho às 7h05, e as duas crianças mais velhas precisam estar fora de casa às 7h45. As crianças estão todas acordadas às 6h30; então, elas têm muito tempo para fazer tudo; mas as três crianças se atrasam ou se distraem. Se a mãe não as surpervisiona, a tensão aumenta durante a última meia hora e a manhã começa para todos de maneira desagradável.

A responsabilidade é sempre sobre o nível 2 de mentalidade. A criança de quatro anos que ajuda um bebê chorando, a criança de nove anos que esvazia a máquina de lavar louça sem ser solicitada e o adolescente de 15 anos que se oferece para ajudar a fazer o jantar, todos estão praticando a responsabilidade ao pensar nos outros, não apenas neles mesmos. Lembrar-se de guardar os brinquedos, tirar o lixo ou manter o banheiro arrumado, tudo isso requer o nível 2 de mentalidade. As crianças aprendem como pensar numa segunda dimensão quando os pais ensinam isso a elas.

Por exemplo, ensinar uma criança a olhar o relógio de manhã é uma lição de responsabilidade. São necessários alguma explicação inicial e treinamento; então, em vez de dar sempre a próxima instrução, os pais simplesmente dirão: "Veja o horário." Essa abordagem ensina as crianças a pensarem no nível 2, em vez de esperarem instruções dos pais. A mesma abordagem acontece quando se mostra o calendário ou a lista de tarefas em vez de dizer: "Hoje é o dia de levar o lixo para a rua" ou administrar todas as tarefas necessárias para preparar as coisas para a escola no dia seguinte.

Anna e Dave convocaram uma reunião em família. Com as crianças, criaram para cada filho uma lista de tarefas de todas as coisas que precisavam fazer de manhã. A primeira foi "sejam práticos", e as outras incluiam se vestir, arrumar a cama, tomar o café da manhã, arrumar as mochilas, escovar os dentes, pentear o cabelo e assim por diante. Ao todo, eles identificaram nove coisas que cada criança precisava fazer.

O pai então compartilhou um versículo da Bíblia para ajudar as crianças a entenderem a motivação interna. Colossenses 3:23 contrasta a motivação externa com a motivação interna: "Tudo o que fizerem, façam de todo o coração, como para o Senhor, e não para os homens [...]." A mãe explicou o que isso significava para a família. Ela disse: "Quando você faz algo de todo o seu coração, significa que sua motivação para fazer as coisas vem de dentro de você, não vem da mãe ou do pai dizendo o que fazer."

Eles pediram para cada criança dividir a lista de tarefas pela metade, colocando algumas tarefas antes do café da manhã e outras depois do café. Então, decidiram que tomariam o café da manhã às 6h55, com cada criança tendo feito a primeira parte da lista. O pai também estaria pronto para que pudesse passar alguns minutos com seus filhos pela manhã antes de ir trabalhar.

Após o café, as crianças concluiriam o restante das tarefas e estariam prontas para sair às 7h40. Isso lhes rendeu um "momento abençoado" de cinco minutos antes de se dirigirem para a porta. Esse era o momento quando elogiavam um ao outro por terem realizado todas as tarefas e faziam uma rápida oração pelo dia antes que os filhos mais velhos pegassem o ônibus.

Toda manhã, as verificações eram feitas às 6h55 e às 7h45. Se as crianças não atingissem as metas, elas teriam que ir para a cama mais cedo à noite. Ao alterar os comandos do pai e da mãe para a lista e o relógio, as crianças estavam aprendendo a administrarem a si mesmas. O pai e a mãe explicaram que eles não queriam mais pegar no pé dos filhos. Eles tiveram um tempo de oração juntos e estavam ansiosos para começar o novo programa na manhã seguinte.

Correu tudo bem nas primeiras semanas. Entretanto, à medida que a novidade desaparecia, eles faziam alguns lembretes, mas não eram sobre as tarefas. Eles falavam simplesmente as horas de vez em quando para lembrar as crianças do horário. O novo plano funcionou bem ao longo do tempo, e toda a família agora está em uma nova rotina. Eles ainda precisam ser firmes em alguns momentos, e algumas das crianças ainda precisam de um pouco de repreensão durante o tempo de treinamento, mas agora o pai e a mãe estão ensinando aos seus filhos a serem motivados internamente.

Para continuar o processo de construção da motivação interna, eles acrescentaram mais um item na lista de tarefas de cada pessoa. Ele foi chamado de "A Tarefa Abençoadora". Toda manhã, cada criança tinha que pensar em mais um item para a lista de tarefas que seria útil à vida familiar. Podia ser limpar a sala ou o banheiro, ajudar o irmão mais novo ou colocar a mesa do jantar à noite. A mãe disse: "Eu não vou dizer o que você tem que fazer. Você vai decidir sozinho. Se eu dissesse o que fazer, tenho certeza de que você faria, mas isso seria um estímulo externo. Quero que pense em algo por você mesmo. Veja o que precisa ser feito por aqui e faça sem ser solicitado. Isso é a motivação interna."

> "Veja o que precisa ser feito por aqui e faça sem ser solicitado. Isso é a motivação interna."

As crianças não só tomaram a iniciativa de serem úteis à vida familiar, mas elas também gostaram de surpreender os outros. Às vezes, as crianças precisavam de ajuda com ideias para A Tarefa Abençoadora e a mãe dava várias sugestões, mas cada criança escolhia alguma maneira de ajudar.

Construindo a motivação interna

Desenvolver a motivação interna nas crianças faz parte do treinamento de qualquer área da vida familiar. Exige que as pessoas tomem a iniciativa sozinhas. Para as crianças fazerem esse tipo de mudança, geralmente os pais precisam adaptar a maneira de trabalhar com os filhos. Como nas muitas áreas de educação, Dave e Anna usaram as várias abordagens para desenvolverem uma nova forma de mentalidade para a família. O pai e a mãe proporcionaram um plano novo, criaram uma visão para o plano: um conjunto de exigências importantes que exigia firmeza da parte deles e, então, os pais treinaram os filhos para o sucesso, reconhecendo-o no final. Em vez de ser a consciência para os filhos, os pais educaram-nos de um modo que estimulou a independência em seus filhos. Tudo isso foi feito no sentido de honrar a Deus e servi-lo de todo o coração.

Na família Correra, todos estão aprendendo mais sobre o que significa trabalhar em equipe, ter as coisas feitas e resolver um problema importante, tais como as tensões matinais. As crianças também estão aprendendo como se tornarem motivadas internamente em outras áreas da vida. É claro, o processo exige treinamento, mas a maneira de abordagem dos pais ajuda as crianças a confiarem em seu coração e não nos estímulos externos.

A motivação interna é uma questão do coração. O coração é o alvo importante para o treinamento familiar, para ensinar e incentivar. Se for deixado de lado, o coração tem a tendência de se desviar do que é certo. Deus está interessado no coração e forneceu muitas ferramentas úteis para mantê-lo na direção certa. Entretanto, a realidade é que a maioria das crianças precisa de treinamento e iniciativa, perseverança e desenvolvimento moral. Isso não acontece naturalmente. Quando os pais aplicam a abordagem baseada no coração à educação dos filhos, eles estão investindo neles a longo prazo.

Quando os pais aplicam a abordagem baseada no coração à educação dos filhos, eles estão investindo neles a longo prazo.

A construção da consciência agora tem implicações práticas

Talvez você tenha nos acompanhado até aqui, desejando adaptar a maneira como você educa seus filhos para adotar mais treinamento moral para impactar o coração deles. Provavelmente você está se perguntando agora: "Como se faz isso? O que eu posso fazer para ajudar meus filhos?" Afinal de contas, damos as instruções, corrigimos e estabelecemos os limites todos os dias. Boa parte do nosso tempo é gasto em levar as crianças para onde elas precisam estar, com todos os itens de que elas precisam quando elas chegam lá, colocando a comida na mesa e mantendo as roupas lavadas e passadas. Acrescentar mais coisas na nossa agenda, que já está lotada, pode nos deixar simplesmente sobrecarregados.

Algumas sugestões que fornecemos irá acrescentar mais coisas à sua lista de tarefas. Nesses casos, elas são investimentos para o futuro. Por exemplo, Dave e Anna tiveram de fazer algumas adaptações na rotina matinal deles. Deu trabalho, planejaram uma nova abordagem e prática para fazer disso parte da vida familiar. Porém, isso fez a rotina matinal ficar mais fácil. O trabalho que você faz para desenvolver a motivação interna aumenta sua lista de tarefas por certo tempo, mas, no final, ela alivia um pouco da tarefa de cuidar das crianças. O seu trabalho é um investimento para o seu futuro e o do seu filho.

Por outro lado, após ouvir o que temos a dizer sobre a construção da motivação interna nas crianças, alguns pais decidem que querem reformular completamente a maneira como lidam com seus filhos. Eles desenvolvem novas exigências, e os novos hábitos geralmente levam algum tempo para serem desenvolvidos. Eles estabelecem novas estratégias de comunicação com as crianças, novas maneiras de treiná-las para o sucesso e, às vezes, até mesmo um novo vocabulário para ajudá-las a desenvolverem uma consciência moral elevada.

Qualquer que seja a escolha feita por vocês nessa área, seus filhos irão se beneficiar. Hoje em dia, a maioria das crianças tem uma falta de habilidade interna de ver o que precisa ser feito e, então, fazer, ou pensar primeiro nas outras pessoas em vez de pensar nelas mesmas. Os próximos capítulos irão fornecer um entendimento maior das implicações práticas do desenvolvimento moral e como ensiná-lo em seu lar.

Você pode começar a qualquer momento. Se você pegou este livro no momento em que seus filhos são adolescentes, é um estágio de desenvolvimento perfeito para ensiná-los sobre a integridade de maneira prática. Eles irão aprender como fazer o melhor e não só o mínimo para sobreviver. Eles irão aprender a fazer o que haviam dito que fariam e confessarem quando cometerem um erro. Isso é integridade, a qualidade básica desenvolvida durante a adolescência. À medida que o adolescente se aprimora na integridade, você está comprometido com o desenvolvimento moral.

Se está começando quando os seus filhos estão na pré-escola, você pode ajudá-los a desenvolver bons costumes atendendo quando você chama, seguindo ordens e aceitando um "não" como resposta. A maioria das crianças pequenas tem dificuldade com essas coisas, e desenvolver comportamentos saudáveis e praticar o que é certo pode conduzir a um longo caminho para fortalecer a consciência para os anos futuros.

Conforme lê os próximos capítulos, você terá tempo de avaliar seus filhos, aprender algumas novas ideias para ensinar-lhes e ver os exemplos de famílias que estão dando passos na direção certa. É possível que você já esteja fazendo bem muitas coisas. Esperamos que você encontre novas ideias de como melhorar seu trabalho com seus filhos. Tocar o coração de uma criança é tão importante que precisamos de todas as ferramentas e ideias que pudermos encontrar. Sabemos que criar filhos é a tarefa mais árdua do mundo. É o nosso desejo tornar essa tarefa um pouco mais fácil.

2

Educar crianças exige estratégia

Se você tem muito medo de ter pulso firme, com certeza os seus filhos irão chateá-lo.

Este comentário incentivador chegou até nós por e-mail poucos dias depois de um recente seminário que ministramos ao vivo:

> Essa abordagem bíblica com relação à consciência mudou completamente a maneira como lido com os meus filhos. Estou surpresa com quanto eu confiava nas ameaças e nos incentivos para conseguir que meus filhos fizessem o que eu queria. Eu nem sequer percebia que havia outra maneira de educar os filhos. Estou maravilhada com o poder da educação que aborda o coração. Meus filhos ainda são crianças. Eles ainda têm problemas, mas eu tenho um plano bem melhor para lidar com eles do que antes. É muito encorajador para mim vê-los seguindo em frente sozinhos. Agora vejo como estou ajudando-os a construir a motivação interna.

Uma abordagem baseada na consciência conduz a estratégias diferentes

Esse tipo de testemunho sobre criar os filhos é um tesouro para nós. Trabalhamos com pais toda semana e sabemos que cada família é diferente. As crianças são únicas. Os pais têm estilos de educação e paixões diferentes, mas quando se trata de ajudar as crianças a solucionarem algum dos problemas mais difíceis, não há trabalho melhor do que abordar o coração e construir nelas a motivação interna.

Os pais que integram a consciência na educação dos seus filhos de fato fazem coisas de modo diferente todos os dias. Não estamos simplesmente falando sobre ter uma conversa com seu filho sobre a consciência e então continuar tudo como antes. Novas ferramentas são desenvolvidas de modo a substituir grande parte do turbilhão que drena os recursos emocionais de uma família.

Uma das maiores estratégias que você pode usar para estimular o desenvolvimento da consciência tem a ver com o poder da sua voz e como o que você diz afeta o coração do seu filho. Na verdade, se você relembrar sua própria infância, é possível que ouça as palavras do seu pai e da sua mãe: "Apague as luzes quando você sair do quarto." "Coma sua salada, ela faz bem para você." "Dinheiro na mão escorrega que nem sabão." Uma mãe disse: "Às vezes, estou conversando com meus filhos e digo algo sério ou importante e, então, fico chocada. Percebo que falei exatamente como minha mãe."

"Os irmãos amam uns aos outros"

Uma mãe contou esta história: "Nossos dois meninos têm dois anos de diferença. Como você pode imaginar, quando eles eram novos, sempre competiam e brigavam um com o outro. Meu marido e eu estávamos determinados a ensiná-los a valorizar o relacionamento entre eles, então começamos a dizer para eles: 'Lembrem-se, os irmãos amam uns aos outros.' Dizíamos isso quando estavam em conflito. Quando estavam se divertindo juntos. Quando saíam para brincar com os amigos. 'Lembrem-se, os irmãos amam uns aos outros.' Estávamos comprometidos em desenvolver uma crença em suas jovens mentes sobre como os irmãos tinham que agir um com o outro. A Bíblia, em Romanos 12:10, diz: 'Dediquem-se uns aos outros com amor fraternal. Prefiram dar honra aos outros mais do que a si próprios.' Nossos filhos nem sempre demonstravam amor um para com o outro enquanto cresciam, mas eles sabiam que amar um ao outro era a coisa certa a fazer. Hoje, eles são adultos e amam um ao outro de verdade."

O que os pais falam deixa uma impressão marcada no coração dos filhos. Infelizmente, muitos pais gastam muito tempo falando o que as crianças estão fazendo de errado e não o que elas precisam fazer e o que é certo. Eles dizem coisas do tipo: "Você vai parar com isso!", "Já chega!", "Quando você vai acertar?", "Você está me irritando", "Eu não acredito que você continua fazendo isso".

O que os pais falam deixa uma impressão marcada no coração dos filhos.

Em vez disso, seria melhor se os pais pensassem o que eles querem que seus filhos digam em seus corações e, então, aplicassem suas próprias frases aos filhos de modo a treiná-los para aquele fim. Um pai contou sobre seu desafio com o filho que sofre de Transtorno de Déficit de Atenção e Hiperatividade. Como você pode imaginar, essas crianças são um ímã para as correções. O pai percebeu que suas palavras para o filho eram estratégicas à medida que ele o treinava para a vida todo dia, várias vezes ao dia. Ele e sua esposa então desenvolveram uma lista de itens que diriam ao filho para ajudá-lo a permanecer no caminho certo. A lista era constituída de frases que eles queriam que o menino dissesse a si mesmo e incluía itens como: "Devagar", "Silêncio", "Pense antes de falar", "Talvez você precise de uma pausa", "Administre sua energia". A abordagem teve efeito positivo ao manter o filho seguindo em frente no objetivo de desenvolver o autocontrole em sua vida.

A Bíblia revela que as pessoas meditam sobre as coisas em seus corações. Salmos 19:14 diz: "Que as palavras da minha boca e a meditação do meu coração sejam agradáveis a ti, SENHOR, minha Rocha e meu Resgatador!" Perceba onde acontece a meditação: no coração. Quando os pais escolhem as palavras cuidadosamente, estão contribuindo para o tipo correto de meditação para seus filhos. Muitas crianças dizem coisas inúteis em seus corações. Os pais podem escrever a lista de itens que são mais apropriados. À medida que as mães e os pais corrigem, instruem, lembram e treinam os seus filhos ao longo do dia, eles podem voltar para a lista pré-determinada e usá-la para ter ideias do que dizer.

> Quando os pais escolhem as palavras cuidadosamente, eles estão contribuindo para o tipo correto de meditação para seus filhos.

Escrever o roteiro para os seus filhos molda a mentalidade deles e ajuda a desenvolver as crenças corretas em seus corações. É uma importante forma com a qual os pais podem influenciar no que os filhos acreditam com relação à vida. A consciência está à caça pelo o que é certo e errado, guiando o coração com direcionamentos. As palavras dos pais geralmente tornam-se esses direcionamentos para a criança, à medida que ela se lembra das palavras do pai ou da mãe quando enfrenta as várias situações da vida.

O tom de voz gera uma frase firme

Mas não são só as palavras que os pais usam que influenciam o desenvolvimento da consciência. É também a maneira como se comunicam. Uma mãe contou esta história: "Meus dois menininhos saíram para jogar bola no quintal. Achei tão fofo que decidi gravar a diversão. Eu segurava a câmera enquanto monitorava o jogo, e depois fomos para casa assistir ao vídeo. Fiquei surpresa com o tom da minha voz ao fundo no vídeo. Ela tinha uma aspereza que eu não percebia. Eu estipulei naquele momento que mudaria o modo como falo com os meus filhos e me tornaria mais agradável em minha fala. Não era o que eu dizia, mas como dizia que me fez sentir desconfortável."

Muitos de nós não ouvem o próprio tom de voz. Podemos ouvir um tom que não gostamos do cônjuge ou do filho adolescente; porém, é mais difícil ouvir a própria voz. A mensagem latente que as crianças ouvem quando nos tornamos ásperos ou enérgicos pode ser improdutiva. Quando as crianças são atingidas pela rigidez dos pais, elas geralmente saem dessa experiência ouvindo: "Eu não sou digno", "Eu não sou amado" ou "Eu não tenho valor". Com certeza, essa não é a intenção dos pais, mas é o que geralmente as crianças percebem e lembram quando permitimos que um tom áspero se infiltre em nosso diálogo. Esses mesmos sentimentos podem aparecer nos momentos não desejados na vida de uma criança se a consciência está enviando mensagens inúteis para ela, aprendidas de comentários constantes dos pais.

Ao longo do tempo, algumas crianças começam a ignorar as palavras dos pais, principalmente as palavras de ira e aspereza. É sábio incentivar e ensinar com bom tom e conteúdo, para que as crianças recebam uma mensagem normal de que o relacionamento é importante e que seus pais podem ter algo precioso a dizer.

Escolhendo as palavras cuidadosamente

Os pais comunicam mensagens importantes aos filhos todos os dias. A mãe na praça que diz vinte vezes em dois minutos: "Tenha cuidado" está comunicando a mensagem que a segurança é de máxima importância. É essa mensagem que você quer que o seu filho ouça? Algumas crianças precisam dessa mensagem toda hora, mas outras precisam de uma mensagem totalmente diferente. Algumas crianças têm medo de sair e tentar algo novo, e os pais podem contribuir para o problema dizendo "tome cuidado" muitas vezes. Talvez, essas crianças precisem

Algumas crianças têm medo de sair e tentar algo novo, e os pais podem contribuir para o problema dizendo "tome cuidado" muitas vezes.

de uma mensagem diferente que diga: "Vá em frente, você consegue fazer isso" ou "Eu gosto que você tente coisas novas". Imagine como esses incentivos dos pais afetam os estímulos internos de uma criança ao longo do tempo. De modo não intencional, esses pais estão treinando a consciência da criança para despertar nelas o valor da segurança ou o valor de correr riscos, ambas mensagens importantes que as crianças precisam ouvir.

As crianças acreditam verdadeiramente nas coisas, e boa parte daquilo em que acreditam vem daquilo que os pais dizem. Fred e Lynn viram um problema na filha, Shannon. Eles perceberam que ela não era esforçada. Quando lhe davam uma tarefa para ser feita na escola, em casa, ou até mesmo por uma amiga, Shannon procurava meios de não fazer nada. À medida que os pais avaliavam a situação, perceberam que Shannon acreditava em algo errado com relação à vida. Ela acreditava que sua função na vida era se divertir. Enquanto eles consideravam o problema mais adiante, perceberam que haviam contribuído para esse conceito errado. Quando a filha saía de casa, eles sempre se despediam dizendo: "Divirta-se." Shannon parecia crer que se divertir era sua missão na vida. Além disso, quando Shannon voltava e os pais questionavam sobre o dia, Fred e Lynn sempre perguntavam: "Você se divertiu?" Eles perceberam que não era essa a pergunta que queriam fazer, então eles decidiram fazer as coisas de maneira diferente.

Esses pais começaram a dizer coisas diferentes para a filha quando ela estava prestes a sair de casa, tais como: "Faça a coisa certa" e "Cuide do seu irmão". Claro, Fred e Lynn precisaram implementar algumas outras estratégias para ensinar Shannon a trabalhar de forma árdua; mas levar em consideração as palavras que usavam foi uma parte importante da estratégia.

Qual é a mensagem que uma mãe transmite aos filhos quando diz: "Você estará encrencado quando seu pai chegar em casa"? Talvez as crianças comecem a acreditar que a mãe não tem autoridade ou firmeza para disciplinar. Ou, quando um pai fala para seu filho de cinco anos: "É melhor você vir agora, ou deixarei você aí", a criança pode acreditar que a razão de corresponder à autoridade do pai é para que ela não seja deixada para trás. Óbvio, o motivo real de ela dever ir é porque é a coisa certa a fazer.

As crianças acreditam nas coisas em seus corações, e os pais contribuem para tal mentalidade, seja boa seja má. Quando você tira um tempo para avaliar as coisas que diz aos filhos, pode se tornar mais estratégico em educá-los. Não há dúvidas de que as palavras dos pais são importantes. Provérbios 1:8 diz: "Ouça, meu filho, a instrução de seu pai e não despreze o ensino de sua mãe." Essa é uma das 11 vezes no livro de Provérbios que Deus diz para os filhos ouvirem seus pais. Por quê? Porque eles têm algo a dizer. Isso significa que os pais precisam escolher o que dizem com cuidado, porque suas palavras, e como as comunicam, impactam o coração dos filhos.

Ponto de ação

O poder da voz dos pais é revelado também quando eles dão instruções. Quando os pais dão muitas advertências ou instruções sem exigir uma ação imediata, os filhos aprendem a guardar as sugestões e atrasar a ação, até que saibam que a ação é improrrogável, o que geralmente é indicado por um sinal de raiva dos pais.

Em alguns lares, os pais falam e falam e então explodem antes de o filho fazer o que foi pedido. Esse problema comum revela uma necessidade de ajustar o "ponto de ação" de alguém. O ponto de ação é o momento em que você, como pai ou mãe, para de falar e começa a agir. Suas ações indicam que suas palavras são importantes.

Todo adulto que lida com crianças tem um ponto de ação, e elas sabem qual é. O pai pode fazer os filhos andarem mais rápido do que a mãe. A babá talvez não tenha um ponto de ação muito firme. Os filhos correspondem melhor às instruções na escola, e,

Todo adulto que lida com crianças tem um ponto de ação, e elas sabem qual é.

quando você procura saber o porquê, você observa o modo como a professora dá as instruções. Isso revela o ponto de ação.

Pense por um momento sobre como seu filho sabe quando você está falando sério. Se você não sabe, deveria perguntar. Em algumas famílias, os pais usam o nome completo dos filhos. Outras vezes, você começa a andar em direção à criança. As crianças sabem que você fala sério e começam a obedecer. Em muitos lares, o ponto de ação é demonstrado pela raiva. Veja o exemplo de Sammy.

Sammy tem cinco anos e está se divertindo com seus brinquedos no chão da sala. A mãe decide que é hora de ir fazer algumas tarefas, então ela diz: "Sammy, calce seus sapatos. Temos que cumprir algumas tarefas." Então, a mãe caminha pela casa, preparando-se. Quando volta alguns minutos depois, Sammy não calçou os sapatos. "Sammy, calce seus sapatos. Vamos sair para fazer algumas tarefas." Então a mãe continua caminhando pela casa, limpando algumas coisas antes de sair. Quando ela passa pela sala, vê que Sammy não começou a se arrumar.

Para fazer as instruções parecerem mais importantes, ela começa a justificar. "Sammy, temos que ir à loja, parar na escola e deixar os livros na biblioteca. Vá calçar seus sapatos para podermos sair." A mãe volta para reunir as coisas que ela precisa para a viagem e retorna em poucos minutos para ver que Sammy nem sequer se mexeu. Agora, ela está brava. Ela entra bruscamente na sala e grita: "Sammy!", e o menino se levanta e calça os sapatos.

Agora, imagine a mesma situação da perspectiva de Sammy. Ele está curtindo seus brinquedos e ouve sua mãe pela primeira vez e pensa: "Parece que a mãe está falando no outro cômodo." Ele continua a brincar. A mãe volta minutos depois e ele diz a si mesmo: "Eu acho que hoje vamos para algum lugar." Ele continua brincando. A mãe volta de novo e ele pensa: "Está chegando perto." Finalmente, quando a mãe entra bruscamente na sala com raiva, ele percebe: "Ah, é hora de ir", e ele se levanta e calça os sapatos.

Muitas crianças, assim como Sammy, sabem qual é o ponto de ação e também sabem que não precisam se mexer até que o notem.

Para aumentar o poder das suas palavras, é necessário ajustar seu ponto de ação para que suas palavras tenham peso na mente do seu filho. Alguns pais identificam-se com essa história e dizem: "Mas meus filhos não se mexem a menos que eu fique bravo." Se esse é o caso, é porque você os treinou dessa forma. À medida que ajustar seu ponto de ação, seus filhos terão que mudar.

Avaliando os sinais dos pais

As crianças reagem aos sinais dos pais e podem aprender a reagir a sinais diferentes se você lhes ensinar. Em vez de usar os sinais emocionais para indicar que está falando sério, use apenas palavras como sinais. Os filhos precisam entender a diferença entre uma ideia, uma opinião e uma instrução. Se quer que sua filha vá para a cama, não pergunte: "Não gostaria de ir agora para a cama?" Se quer que seu filho faça a tarefa escolar, não diga: "Acho que você deveria fazer agora a tarefa." Isso é uma opinião e seu filho tem uma opinião diferente.

Não é errado compartilhar opiniões e ideias com seus filhos, mas você quer que suas *instruções* soem de maneira diferente.

Não é errado compartilhar opiniões e ideias com seus filhos, mas você quer que suas *instruções* soem de maneira diferente. Às vezes, os pais, sabendo que enfrentarão a resistência, tentam adoçar suas palavras para parecerem mais meigas, mas então os filhos não as escutam como instruções. Eles simplesmente entendem como uma sugestão. Você não precisa de intensidade ou aspereza, mas precisa ser claro.

Use sinais que comuniquem algo como: "O que vou lhe dizer é algo que espero que você faça agora mesmo." Você pode começar com o nome da criança, terminar com a palavra *agora* e dizer: "Você tem que" e a instrução no meio da frase. Por exemplo, você pode dizer: "Sammy, você tem que calçar seus sapatos agora." Isso é uma instrução clara. Soa diferente de um diálogo casual com seu filho e esclarece a ele que se trata de uma instrução e que você está falando sério.

Mas falar não é o suficiente. O ponto de ação exige ação. Você pode dizer: "E se eu disser ao Sammy para calçar os sapatos dessa forma e ele continuar sentado lá?" Essa é uma boa pergunta. Não são só as palavras que iniciam a mudança. É a ação associada a essas palavras que comunica o que você quer dizer. Para treinar Sammy, você terá que tomar algumas atitudes imediatamente quando ele não reagir. Existem muitas maneiras boas de treiná-lo nessa área. Você poderia, por exemplo, recorrer às consequências. Mas, geralmente, os pais vão para as consequências muito rapidamente. Embora as consequências sejam boas, existe um número limitado delas. Se você as usar constantemente para produzir a ação em seus filhos, então elas tendem a se desgastar e perder sua eficácia.

Aplicando a abordagem da consciência

Vamos usar a abordagem da consciência nessa situação para treinar Sammy. Ele ainda não se sente desconfortável quando lhe é dada uma instrução. Um dos sinais da responsabilidade é completar as tarefas sem a necessidade de ser solicitado ou lembrado. A responsabilidade é associada a uma sensação desconfortável dentro do coração quando lhe é dada uma tarefa. Essa sensação desconfortável motiva a pessoa a agir. Não estamos dizendo que o filho se sente desconfortável com os pais, mas, sim, que o filho alimenta um sentimento de obrigação porque uma tarefa lhe foi dada e ainda não foi cumprida. É a consciência que produz essa sensação desconfortável.

A mãe, tipicamente, reage com a falta de ação de Sammy gritando e o ameaçando. Ela ameaça tirar os brinquedos dele, mandá-lo cedo para a cama ou outra coisa que venha à mente. Às vezes, ela até cumpre a ameaça, mas Sammy não está mudando seu padrão. A mãe então consulta os livros para encontrar mais consequências que ela possa usar com o menino para fazê-lo mudar. As consequências não são a solução. O problema tem a ver com a interação entre Sammy e a mãe.

A mãe precisa mudar. De fato, muitos pais precisam mudar a maneira como educam seus filhos, antes que as crianças mudem o modo como elas vivem. A mãe pode se sentar com Sammy e explicar a mudança que ela vai fazer: "Sammy, tenho visto que quando lhe dou uma instrução, você tende a esperar e não obedece imediatamente. Na verdade, parece que espera até eu ficar brava antes que você se mexa. Sei que não gosta quando eu fico brava, e eu também não gosto, então vamos fazer uma mudança. Acho que tenho tido o hábito de falar muito cedo e aborrecê-lo para você se mexer. Não vou mais fazer isso. Pelo contrário, darei a você uma advertência e cinco minutos quando puder, mas, quando eu disser: 'É hora de ir', você tem que se levantar e ir imediatamente."

Ter uma reunião positiva com Sammy é só o primeiro passo. Depois, a mãe precisa demonstrar mudanças em suas ações. Quando ela der uma instrução a Sammy, ela deve esperar para ver se ele começa a se mexer. Caso não se mexa, ela deve chegar perto, encará-lo e dizer: "Sammy, você não está me obedecendo. Você tem que se levantar agora." A proximidade íntima despertará o valor da instrução e a presença da mãe fará Sammy sentir-se desconfortável. Não é errado a mãe avisar o filho de que eles estão saindo para fazer algumas coisas, mas, quando ela o chamar, ela deve estar pronta para ir imediatamente, ajustando, assim, seu ponto de ação.

Com o passar do tempo, ao gerar o desconforto, a mãe vai treinar Sammy para perceber que, quando uma instrução é dada, ele tem que agir e não se atrasar. A mãe não está só treinando Sammy para reagir às instruções, mas também está treinando a consciência de Sammy para induzi-lo a se sentir desconfortável quando lhe for dada uma instrução. A mãe ainda tem que usar as consequências, mas ela irá ajustar seu ponto de ação para que Sammy reconheça a importância daquela instrução.

Não é a consequência que irá finalmente mudar o coração de Sammy. É a prática contínua de associar uma instrução com uma sensação de desconforto que produz o desenvolvimento da consciência. Com o passar do tempo, Sammy irá desenvolver uma motivação interna para fazer a coisa certa sem o atraso, graças aos benefícios de uma consciência limpa.

Agora, imagine Sammy com 15 anos. Ele está jogando videogame. Ele possui um estímulo interno que diz: "Eu deveria estar fazendo minha tarefa escolar." Se, pelos últimos dez anos, ele se afastou dos estímulos da mãe, então simplesmente diz a si mesmo: "Não, posso fazer isso mais tarde." Ele continua com esse diálogo interno até chegar a um estágio de crise e então ele toma uma atitude. Entretanto, se ele foi ensinado a corresponder aos estímulos da mãe ao longo dos anos, a consciência agora o impele a agir e é mais provável que ele corresponda ao que é certo.

Um ponto de ação ajustado constrói o caráter interno

A ideia de ajustar seu ponto de ação pode beneficiar crianças de todas as idades. Alguns pais evitam dar espaço para os filhos, achando que estão fazendo um favor. O que as crianças geralmente precisam é de mais educação, e não mais espaço; então elas podem desenvolver as reações internas necessárias para desenvolver a responsabilidade e um comprometimento interno a fazer o que é certo.

A procrastinação é reduzida na vida de alguém com uma consciência sensível e um caráter forte.

Um ponto de ação ajustado ajuda a desenvolver o caráter, assim, as crianças têm a autodisciplina necessária para corresponder à consciência à medida que elas crescem e se desenvolvem, em vez de adiar as coisas que precisam ser feitas. A procrastinação é reduzida na vida de alguém com uma consciência sensível e um caráter forte.

Ambos podem ser desenvolvidos no coração da criança através do treinamento.

Existem dois indicadores que apontam a necessidade de ajustar seu ponto de ação. Um deles é a raiva e o outro é a irritação. Se você está se empenhando em uma dessas duas coisas no processo de instrução, então é possível que a solução seja ajustar seu ponto de ação.

As palavras dos pais são importantes na vida de uma criança. Elas perduram no coração e se tornam o alimento para a consciência. Embora a consciência não seja a autoridade máxima na vida de uma pessoa, é uma ferramenta que ajuda a manter o coração caminhando na direção certa. A consciência precisa de treinamento e só é confiável quando nutrida e equipada. Os pais contribuem para o desenvolvimento da consciência ao escolherem cuidadosamente suas palavras e ao ensinar a seus filhos que as palavras deles têm valor.

3

O que é a consciência?

Uma das maiores coisas que se pode fazer para uma criança é ajudá-la a fortalecer a consciência. Conforme é fortalecida, ela se tornará uma força poderosa para guiá-la por toda a vida.

Kara estava frustrada com sua filha de nove anos, Cassy. Enquanto nos ouvia falar sobre a consciência, ela foi incentivada por essa abordagem prática; porém, ela ainda tinha algumas perguntas. "Às vezes, Cassy precisa de estímulo contínuo. Ela não parece estar ciente das coisas a menos que eu lhe diga o que fazer. E em outros momentos é como se sua consciência estivesse hiperativa. Por exemplo, ela é bajuladora. Ela parece estar mais ansiosa para agradar as pessoas do que para fazer o que é certo. Como posso aplicar essas ideias à vida dela?"

Kara estava no caminho certo, mas precisava de mais informação sobre o que a consciência faz e como ela o faz, a fim de desenvolver uma estratégia específica para a filha. Esteja seu filho em idade pré-escolar, no Ensino Fundamental ou no Ensino Médio, um entendimento profundo da consciência poderá estimular sua motivação interna.

A consciência dá quatro estímulos. Cada um deles proporciona uma sensação desconfortável no coração, que impele uma pessoa a agir. Elas são: *faça o que é certo*, *lide com o que é errado*, *seja honesto* e *importe-se com os outros*. Neste capítulo, iremos ajudá-lo a entender a base bíblica para tais estímulos, e os próximos capítulos irão fornecer ideias práticas para educar os filhos de forma que desenvolva uma consciência forte nessas quatro áreas, dentro do coração da criança.

A consciência, embora seja uma indicadora imperfeita, ajuda a nos sentir confortáveis quando fazemos o que é certo e desconfortáveis quando fazemos o que é errado. A Bíblia indica que a consciência estimula uma pessoa de quatro formas. Cada uma é destacada aqui, com sua base bíblica. Ajudamos Kara a ver de que modos específicos a consciência estava funcionando ou não em sua filha.

> A consciência dá quatro estímulos: *faça o que é certo, lide com o que é errado, seja honesto* e *importe-se com os outros.*

Faça o que é certo

Um sinal de maturidade em crianças de qualquer idade é um senso crescente de obrigação interna de administrar a si mesmo. Esse senso de obrigação é o estímulo da consciência. A criança de três anos que guarda o brinquedo antes de pegar outro, a menina de sete anos que se arruma de manhã sem ser solicitada e o adolescente de 14 anos que leva o lixo para a rua no dia certo sem precisar ser lembrado, todos trazem alegria ao coração dos pais. Os pais sentem admiração e gratidão porque seus filhos estão crescendo.

Uma função da consciência é incentivar uma criança a fazer o que é certo. Em certa casa, o avô ficou impressionado porque seu neto de cinco anos tirou da mesa seu prato, a xícara e os talheres sem ser solicitado ao final da refeição. Quando o avô ia sair da mesa, o menininho o lembrou de que ele precisava fazer o mesmo. Esse senso de obrigação surge como resultado do treinamento do filho por parte do pai e da mãe durante várias semanas, e então o filho soube o que era certo em sua família e foi capaz de fazer isso sem ser solicitado. A criança havia desenvolvido uma motivação interna para fazer o que é certo, estimulado pela consciência.

Quando o apóstolo Paulo foi levado diante do Sinédrio para explicar suas ações, ele usou a palavra *consciência* nesta frase em Atos 23:1: "[...] Meus irmãos, tenho cumprido meu dever para com Deus com toda a boa consciência, até o dia de hoje." Paulo uniu a palavra *consciência* a *cumprir seu dever*. A consciência gera um sentimento de obrigação interna e faz uma pessoa sentir-se desconfortável com uma tarefa que está incompleta e se sentir confortável quando a tarefa é realizada.

Só pense na sua lista pessoal de tarefas. Quer você anote, quer não, ela ainda está em seu coração e pesa sobre você, até que dedique tempo para conseguir fazer tais coisas. Algumas pessoas gostam de riscar o último item da lista antes de jogarem o papel no cesto de lixo. Por que fazem isso? Há uma sensação de alegria quando as tarefas estão completas e as obrigações estão feitas.

Essa parte da consciência estimula internamente uma criança a ser meticulosa com os afazeres, a seguir as regras da família quando com amigos e a posicionar-se pela retidão quando confrontada pela tentação. Kara percebeu que seria bom pra Cassy trabalhar essa área da consciência porque ela ajuda a produzir a responsabilidade e a maturidade.

Às vezes, a consciência produz uma sensação de desconforto com relação às áreas morais, tais como devolver a carteira para o dono legítimo ou dizer a verdade, mas, em outros momentos, não é particularmente uma questão moral. É somente um senso de responsabilidade. Uma criança de quatro anos vê a luz acesa no banheiro e a apaga sem ser solicitada. A criança de dez anos que sente o frio entrar pela casa e percebe que as janelas estão abertas, sente-se desconfortável a ponto de se levantar e dizer para a mãe. Quando um adolescente de quinze anos vê o lixo transbordando e o leva para fora, a consciência está agindo. Se o desconforto causado pela consciência é moral ou prático, de qualquer forma, indica que algo está errado e que a criança deve tomar uma atitude.

Lide com o que é errado

O Antigo Testamento narra uma bela história sobre uma mulher chamada Abigail. Ela percebeu que Davi estava prestes a fazer algo de que iria se arrepender. O marido dela, Nabal, havia maltratado Davi e este havia decidido matar Nabal e todos os seus homens. Ele reuniu seu exército e estava a caminho de se vingar. Foi quando Abigail entrou em cena.

Descendo da montanha, ela parou Davi no meio do caminho e fez um apelo eficiente. "O Senhor certamente fará um reino duradouro para ti", ela disse. Então lhe implorou que não cometesse o mal que planejara, pois assim ele não teria "no coração o peso de ver derramado sangue desnecessariamente, nem de ter feito justiça com as próprias mãos" (1Samuel 25:28,31).

Abigail apelou para a consciência de Davi, e funcionou. Davi desistiu e voltou para casa, porque a mulher havia lhe dado uma previsão do que acontece quando se faz a coisa errada. Isso cria um peso na vida de alguém. Ela chamou esse peso de "fardo cambaleante." Todos nós sabemos como é sentir o peso interno de ter feito a coisa errada. Um entendimento apropriado da consciência é muito importante nessa área.

A emoção que faz com que uma pessoa evite os erros ou lide com eles antes de acontecerem é a *culpa*. Hoje, algumas pessoas ensinam que a culpa é algo ruim e que o indivíduo deve ignorar a sensação e tentar seguir em frente. Mas Deus criou o coração para ser sensível aos erros e, na verdade, a culpa é uma boa emoção, estimulando a pessoa em direção ao arrependimento e à reconciliação. Esse estímulo interno já está lá nas crianças e elas precisam aprender como reagir apropriadamente para serem motivadas internamente, para lidarem bem com os erros e as agressões.

A emoção que faz com que uma pessoa evite os erros ou lide com eles antes de acontecerem é a *culpa*.

Infelizmente, muitas crianças não entendem o valor da culpa. Em vez disso, tentam evitá-la responsabilizando os outros pelos problemas. Elas racionalizam, justificam ou se defendem quando são corrigidas. A maioria das crianças precisa de ajuda nessa área e uma abordagem baseada na consciência através dos pais irá contribuir para a maturidade delas. Temos muito a dizer sobre essa área da consciência e desenvolvemos várias ferramentas para ajudar os pais a lidarem com seus filhos. Algumas crianças reagem com raiva quando são corrigidas e atacam verbalmente seus pais ou as outras pessoas. A criança que tem a tendência de ser perfeccionista fica brava com ela mesma e geralmente chega a conclusões inúteis sobre a autoestima por causa dos erros cometidos. A maioria das crianças não compreende a repreensão e fica ofendida com a disciplina. Tudo pode ser mudado com um bom treinamento e os pais podem fazer várias coisas para aumentar a motivação interna dos filhos para lidar com as ofensas.

Kara estava feliz por relatar que sua filha parecia estar indo muito bem nessa área da consciência. Quando Cassy errava, ela admitia.

Seja honesto

Romanos 9:1 diz: "Digo a verdade em Cristo, não minto; minha consciência o confirma no Espírito Santo." Paulo associou falar a verdade e não mentir a um estímulo interno, a consciência. Todos nós conhecemos o sentimento de enganar alguém e se sentir mal com isso. A consciência nos estimula com um desejo interno de termos integridade. Algumas crianças têm um problema importante nessa área. Às vezes, o problema é mentir, mas outras formas de desonestidade podem incluir roubar, trapacear ou ser perverso ou dissimulado. Outras crianças ainda exageram nas histórias ou se transformam no herói à medida que elas recontam o ocorrido. Essas crianças precisam de ajuda para saber como ter integridade na vida. Muitas vezes, a tentação de ser desonesto é maior do que o caráter da criança. O treinamento dos pais pode ajudar muito os filhos a desenvolverem a integridade em um nível pessoal.

É desencorajador para os pais quando eles veem a desonestidade na vida de seus filhos. Visto que a honestidade é a base das relações humanas, mentir ou roubar fere direto o coração e prejudica a confiança básica. É crucial que os pais ensinem seus filhos como conduzir a verdade em situações difíceis. Uma vez que a desonestidade ocorre geralmente sob pressão, as crianças precisam ter a força interna para enfrentar a tentação de tomarem atalhos, serem perversas e florearem a história.

Visto que a honestidade é a base das relações humanas, mentir ou roubar fere direto o coração e prejudica a confiança básica.

Aprender a lidar com a verdade nas situações da vida não é tão fácil quanto parece. Geralmente, as crianças se veem em uma situação complicada quando têm que reagir. Como reage quando alguém pede sua opinião e você não quer magoar a pessoa com a verdade? O que você diz quando é desafiado pela pergunta, mas não sente que é apropriado responder com a verdade? Esses problemas são reais e as crianças precisam aprender como lidar com eles.

Ao mesmo tempo, geralmente as crianças têm desejos que as conduzem à tentação de usar meios desonestos para conseguir o que querem ou evitar uma consequência. Isso é uma questão de caráter que deve ser abordada com um pouco de treinamento prático da integridade. Embora Cassy não mentisse abertamente, às vezes, parecia que ela exagerava nas histórias com as amigas para motivá-las a apreciarem a menina ainda mais. Definitivamente, essa era uma tentação que precisava ser abordada, e Kara estava interessada em entender essa parte da consciência um pouco mais.

Importe-se com os outros

A quarta área da consciência concentra-se nas outras pessoas e é estimulada pela emoção interna que chamamos de *compaixão*. Gostamos de contar a seguinte história para as crianças:

Quando Jesus estava saindo de Jericó, dois cegos gritaram à beira da estrada: "[...] Filho de Davi!"(Mateus 20:31). A Bíblia relata que a multidão repreendeu os cegos, mas Jesus teve compaixão deles e os curou. Qual é a diferença entre a multidão e Jesus? A multidão estava pensando nela mesma, interessada na procissão e não queria ser incomodada. Jesus era diferente. Ele parou e ajudou os cegos. A Bíblia diz que ele tinha algo no interior que o impeliu a fazer isso. É a mesma coisa que eu e você podemos ter em nossas vidas para ajudar-nos a pensar nos outros e não só em nós mesmos. "Jesus teve compaixão [...]" (v.34).

A compaixão é mais do que um sentimento. A empatia é o sentimento latente, mas a compaixão resulta em ação. Algumas crianças são naturalmente misericordiosas, pensam nas necessidades dos outros e tentam ajudá-los ou aliviar suas frustações ou sofrimentos. Outras crianças precisam de ajuda nessa área. A boa notícia é que cada criança pode aprender a ser misericordiosa, mesmo se tiver a tendência de ser autocentrada. Não se trata apenas de um traço da personalidade. Todas as crianças precisam desenvolver a compaixão e a capacidade de se preocuparem com os outros.

> Algumas crianças são mais fortes em uma área da consciência do que em outras.

Quando alguém está magoado, tendo dificuldades ou desanimado, o indivíduo que possui uma consciência forte tem a motivação interna para ajudar. A consciência dá sensibilidade para com as emoções de outra pessoa e então nos desperta para agir. Claro, é necessário sabedoria para uma criança saber como e quando reagir a uma necessidade. Os pais podem ajudar a fortalecer essa área da consciência enfatizando-a no treinamento.

O profeta Natã usou essa área da consciência para revelar o pecado de Davi. Ele lhe contou a história de um homem cuja ovelha havia sido tomada para a alimentação de um homem que possuía muitas ovelhas. Davi sentiu a injustiça e ficou enfurecido pelo ato de crueldade. Sua compaixão resultou em uma ação imediata, a decisão de encontrar a parte culpada e de puni-lo. Então, Natã revelou que o próprio Davi era a parte culpada, tendo roubado a esposa de outro homem. Davi foi ferido direto no coração, teve a consciência golpeada e foi convencido por Deus pelo seu pecado (2Samuel 12:13).

Em Lucas, capítulo 10, um homem perguntou a Jesus: "O que preciso fazer para herdar a vida eterna?" "O que está escrito na Lei?", respondeu Jesus. "Como você a lê?" Jesus confirmou a resposta do homem que ele devia primeiro amar a Deus e depois amar o próximo como a si mesmo. Aqui a história tem uma mudança interessante. O versículo seguinte diz que o homem procurou justificar-se ao perguntar "E quem é o meu próximo?" (vv. 25-29). O fato de ele procurar se justificar foi uma tentativa de satisfazer sua consciência. Basicamente, ele estava dizendo: "Qual é o mínimo que preciso fazer para cumprir o mandamento de se preocupar com os outros?"

Jesus respondeu contando a história famosa do bom samaritano, uma ilustração de um homem que se desviou do seu caminho para cuidar de um homem necessitado. Então, Jesus perguntou ao homem: "Qual dos três homens da história você acha que foi o próximo do homem?" O homem respondeu: "Aquele que teve misericórdia dele." Jesus estava ensinando que cada pessoa tem a responsabilidade de cuidar dos outros e não só deles mesmos, uma mensagem importante que as crianças precisam e podem aprender.

Definitivamente, essa era a área que Cassy precisava desenvolver. Não que ela fosse fraca nessa área, mas parecia ser excessivamente sensível à opinião dos outros. Seu desejo de se preocupar com os outros precisava de equilíbrio. À medida que continuamos ajudando Kara com sua filha, nos concentramos nas convicções e em fazer o que é certo, dois princípios da consciência muito importantes. Ela também ajudou a filha a avaliar os estímulos que ela possuía dentro de si. Às vezes, esses estímulos eram bons, e outras vezes eles vinham de desejos internos de ser querida e valorizada. Embora isso nem sempre seja errado, certamente é perigoso, pois sempre nos tenta a abrir mão da integridade.

Despertando o nível da consciência

Algumas crianças são mais fortes em uma área da consciência do que em outras. Por exemplo, uma criança pode não ter problemas com a mentira, mas ser autocentrada e despreocupada com os outros. Outras crianças têm momentos difíceis recebendo repreensão e lidando com os erros, mas elas possuem corações carinhosos. A boa notícia é que você sempre pode usar as áreas fortes na vida de uma criança para ajudá-las a melhorar as áreas fracas. Enquanto Kara falava sobre a consciência com Cassy, ela percebeu que o nível de consciência dela estava aumentando. Ela estava aprendendo mais sobre aqueles estímulos internos que ela já estava vivenciando.

Uma mãe relatou uma conversa com o filho adolescente que foi mais ou menos assim: "Percebo que você tem uma sensibilidade pelos sentimentos dos outros. Gosto muito disso. Você procura meios para ajudar quando vê que alguém se sente mal. Isso é um sinal de uma consciência forte na área de se preocupar com os outros. Entretanto, existe outra área da consciência que acho que você precisa desenvolver e eu vou procurar meios para ajudá-lo. Parece que você tem dificuldade de completar uma tarefa e relatá-la quando já terminou. Essa é a área da consciência que chamamos de 'faça a coisa certa'.

Seria bom se pudesse levar um pouco dessa sensação de desconforto que sente quando os outros estão mal e trazê-la para a área de completar as tarefas. Uma pessoa responsável sente o mesmo desconforto quando uma tarefa não foi bem realizada. Você talvez queira pensar sobre isso um pouco mais, porque posso dizer que você possui o que é necessário para usar a sua consciência para o bem. Talvez seja útil pensar como as tarefas domésticas incompletas afetam as outras pessoas. Isso pode ajudá-lo a ser mais atencioso e fazer um bom trabalho. Entender como a consciência está trabalhando em seu coração é só outra área que irá ajudá-lo a ser forte por dentro."

É interessante como muitas questões na vida familiar são tocadas pelos quatro estímulos da consciência. Os filhos que estão brigando um com o outro podem aprender a ter compaixão e se preocupar um com o outro em vez de se humilharem. A criança que não termina a tarefa escolar ou tem a tendência de ser preguiçosa precisa de um trabalho maior na área de fazer o que é certo. Quando uma criança não assume a responsabilidade por um erro ou pecado, isso simboliza uma questão da consciência. Desenvolver a consciência nos filhos não é só uma abordagem bíblica, mas é também muito prática. A motivação interna desenvolve-se na criança quando os pais se concentram no coração, em vez de simplesmente usar a recompensa e o castigo para fazer os filhos agirem.

A motivação interna desenvolve-se na criança quando os pais se concentram no coração, em vez de simplesmente usar a recompensa e o castigo para fazer os filhos agirem.

Tire algum tempo para pensar nas áreas em que seu filho tem dificuldades e então se pergunte qual parte da consciência pode ajudar naquela fraqueza. É óbvio, você encontrará algumas justaposições entre as áreas da consciência, mas pensar nesses termos pode lhe dar direção à medida que desenvolve uma estratégia de seguir em frente. Aqui está uma ficha para ajudar a avaliar as áreas fortes e fracas na consciência do seu filho.

Bem forte	Necessita de aperfeiçoamento	**Fazer o que é certo**
O	O	Meu filho faz o que eu solicito sem resistência.
O	O	Meu filho termina uma tarefa em vez de fazê-la pela metade.
O	O	Meu filho faz o que é certo mesmo quando ninguém está por perto observando.
O	O	Meu filho é capaz de se opor à pressão dos colegas.
O	O	Meu filho trabalha de forma árdua para completar uma tarefa difícil.
O	O	Meu filho posiciona-se pelo que é certo.
O	O	Meu filho relata aos pais quando uma tarefa é completada.
O	O	___________________________
O	O	___________________________

Bem forte	Necessita de aperfeiçoamento	**Lidar com os erros**
O	O	Meu filho admite quando faz algo errado.
O	O	Meu filho reage bem à repreensão.
O	O	Meu filho valoriza a repreensão e aprende com ela.
O	O	Meu filho aceita a responsabilidade pela sua parte no problema.
O	O	Meu filho sente remorso por uma agressão.
O	O	Meu filho toma a iniciativa para transformar o erro em acerto.
O	O	Meu filho se sente desconfortável com o erro e procura evitá-lo.
O	O	___________________________
O	O	___________________________

Bem forte	Necessita de aperfeiçoamento	**Ser honesto**
O	O	Meu filho diz a verdade.
O	O	Meu filho é honesto mesmo quando ninguém está observando.
O	O	Meu filho evita roubar, trapacear e mentir.
O	O	Meu filho fala honestamente quando é confrontado com uma agressão.
O	O	Meu filho posiciona-se pela integridade quando é enfrentado com opções de desonestidade.
O	O	Meu filho narra uma história sem exagerar ou enfeitar.
O	O	___________________________
O	O	___________________________

Bem forte	Necessita de aperfeiçoamento	**Preocupar-se com os outros**
○	○	Meu filho pensa nos sentimentos dos outros.
○	○	Meu filho é bom com os irmãos, amigos e com as outras pessoas.
○	○	Meu filho é vigilante para ajudar as pessoas.
○	○	Meu filho procura por itens que precisam ser feitos e os faz.
○	○	Meu filho quer fazer do mundo um lugar melhor.
○	○	___________________________
○	○	___________________________

4

Ajudando as crianças a escolherem o que é certo

A responsabilidade é fazer o que sabe que deve fazer, mesmo quando não quer.

Bob tem quatro anos e geralmente deixa o pijama no chão do quarto depois de se trocar. A mãe quer ajudá-lo a lidar sozinho com essa simples tarefa. Como ela pode usar a abordagem da consciência para ajudar o filho a fazer o que é certo sem ele ser solicitado?

Todos os pais querem ajudar seus filhos a desenvolverem a responsabilidade e isso acontece em qualquer fase. A criança de três anos que guarda seus brinquedos, a de oito anos que limpa a bancada depois de beber alguma coisa, a de 13 anos que limpa o banheiro sem ser solicitada e o adolescente de 18 anos que confere e obedece a hora de dormir. Tudo isso são sinais de uma motivação interna e demonstrações de responsabilidade. Eles revelam que a consciência está crescendo e motivando a vida da criança. A responsabilidade se desenvolve à medida que as crianças aprendem a confiar nos estímulos internos a fazer o que é certo. Esse é um dos quatro estímulos da consciência e aquele que iremos enfatizar neste capítulo.

Construindo um senso de obrigação

O treinamento da responsabilidade requer que se transfira o controle para a criança não só para completar uma tarefa, mas fazê-la bem e lembrar-se de fazê-la. Uma consciência forte mantém uma criança no caminho certo quando ela é tentada a brincar em vez de trabalhar, fazer o mínimo da tarefa ou, em geral, esquecer a tarefa. Os pais podem fazer várias coisas para fortalecer a consciência e ajudar a construir a responsabilidade. O objetivo é ajudar os filhos a sentirem uma obrigação interna de completar a tarefa em vez de confiar nos pais, nos professores ou nos outros para lembrá-los.

O objetivo é ajudar os filhos a sentirem uma obrigação interna de completar a tarefa em vez de confiar nos pais, nos professores ou nos outros para lembrá-los.

Para ser responsável, organizada e confiável, a criança precisa ser sensível aos sinais internos. Geralmente, os sinais internos estão ligados aos indicadores externos, tais como o calendário, o relógio, ou a lista de afazeres. Pense em si mesmo por um momento. Como você lembra quando precisa trocar o óleo do carro, quando é hora de comprar mais papel higiênico ou enviar um cartão para a sua mãe no dia do aniversário dela? Tipicamente, você tem indicadores que usa para lembrá-lo de fazer essas coisas. Você vê a quilometragem no carro e sabe quando a próxima troca de óleo é necessária. Quando abre o último pacote de papel higiênico, é um sinal de que precisa adicioná-lo à lista de compras. Você também deve colocar um lembrete no calendário para os aniversários importantes. Esses indicadores o mantêm automotivado.

Além disso, você confia nos sinais para lembrá-lo da atitude necessária. Quando a grama cresce, você a corta. Quando o cão começa a choramingar, você o leva para passear. Quando a lixeira fica cheia, você a esvazia. As crianças também podem aprender a ver os sinais, sentirem-se desconfortáveis com a situação e fazer algo a respeito. Seus filhos podem aprender a fazer o mesmo que você faz, mas isso vai precisar de um pouco de prática, criatividade e imaginação.

Se a mãe pede para Bob guardar o pijama, ele guardará. Ele não estava sendo desobediente, simplesmente não pensou em fazer isso sozinho. A mãe decidiu estabelecer um plano para ajudar Bob a ser mais responsável com o pijama dele. Ela se reúne com Bob e diz algo do tipo:

— Bob, você já tem quatro anos e está crescendo depressa. Eu gosto da maneira adulta como você age, mas tem uma coisa à qual acho que deveríamos prestar atenção. Percebo que, todo dia, quando se veste, você deixa o pijama no chão. O que deveria fazer em vez disso?

— Guardá-lo na gaveta — diz Bob.

— Isso mesmo. Eu sei que você simplesmente esquece, mas um dos sinais de amadurecimento é que você aprende a lembrar sozinho. Gostaria de trabalhar isso com você para ajudá-lo a cuidar de si mesmo. Entendeu?

— Sim, mas eu esqueço.

— Eu entendo. Eu também esqueço as coisas. Temos que inventar uma forma de você lembrar. Eu tenho uma ideia. Todo dia, antes de você sair do quarto, quando você tocar na maçaneta da porta, gostaria que você se perguntasse: "Eu terminei a tarefa?" Isso o fará se lembrar de olhar ao redor do quarto para ver se está pronto para sair. O que você acha?

— Tá bom, mas eu ainda posso esquecer.

— Eu sei. Então eu pensei que pode ser bom criar algum tipo de lembrete na maçaneta para ajudá-lo a lembrar. Por que você não pensa numa ideia e me avisa como será esse lembrete?

Bob talvez escolha amarrar um pedaço de fita vermelha ou fazer um pequeno desenho. O trabalho dos pais não acabou, mas agora se focaliza na construção da motivação interior em Bob. A mãe não o lembra mais de guardar seu pijama. Agora ela diz: "Maçaneta" ou "Fita vermelha". A mãe trabalha para associar o lembrete à consciência para que Bob

A mãe não o lembra mais de guardar seu pijama. Agora ela diz: "Maçaneta" ou "Fita vermelha".

se lembre de ser responsável pelo pijama. Na maioria dos casos, ao transferir os sinais dessa forma, as crianças começam a aprender sobre a responsabilidade em tarefas específicas. Isso não significa que a mudança seja rápida. Às vezes, Bob não quer guardar seu pijama ou talvez esteja tão empolgado que não pare para pensar. Mas a maneira como a mãe o está educando transfere as diretrizes a um sistema interno para fazê-lo lembrar, em vez de simplesmente ser o lembrete do filho. Ela está equipando e fortalecendo a consciência em seu filho.

Cobrar a responsabilidade dos filhos em seus próprios planos

O desejo de adiar tarefas é algo comum e trabalha contra a responsabilidade. Se você está lidando com um adolescente, talvez você delegue a tarefa de limpar a cozinha. Sua filha pode atrasar e atrasar, e a tarefa pode não ser feita. Você pode se intrometer, ser o lembrete e colocá-la no caminho, mas vamos tentar a abordagem da consciência para lidar com esse problema. Você pode dizer algo do tipo:

— Melinda, sua tarefa é limpar a cozinha esta noite. Não quero ficar irritada com você; então por que não me diz o seu plano, assim ficarei bem porque sei que está preparada para as coisas e não apenas atrasando tudo.

— Eu vou fazer isso antes de ir para a cama.

— Desculpe. Esse plano não vai funcionar. Eu quero ir para cama às dez da noite e gostaria de ver a cozinha limpa mais cedo para que eu possa conferir.

— Ok. Eu farei às oito horas.

— Ótimo. Obrigada, agora estou bem.

Então, você sai e vai fazer suas coisas. Às oito da noite, sua filha nem sequer começou a limpar a cozinha, você volta.

— Você me disse que limparia a cozinha às oito horas.

— Farei isso daqui a pouquinho.

— Não, você tem que se levantar agora e começar a trabalhar.

Após sua filha limpar a cozinha e você conferir o trabalho dela, então você pode dizer:

— Eu quero lhe dar um pouco de liberdade para ajudar a decidir sua agenda, mas, se não consegue fazer o que disse que faria, então irá perder o privilégio de decidir quando fará isso. Se me apresenta um plano e o cumpre, está demonstrando integridade ao fazer o que disse que faria. Isso é um sinal de maturidade. Se não faz o que diz, então perderá o privilégio de ajudar a determinar quando cumprirá a tarefa.

Se o problema persistir, então, como pais, vocês têm que exigir que ela limpe a cozinha imediatamente após o jantar, com o entendimento de que, se ela fizer isso com uma boa atitude, vocês podem deixá-la determinar a agenda da próxima vez. Isso tem a ver com confiança. Esse tipo de abordagem, usada ao longo do tempo, ajuda os filhos a se sentirem desconfortáveis com algo que precisam fazer até que seja feito. Isso ajuda a fortalecer a consciência.

Perguntar aos adolescentes "Qual é o seu plano?", em vez de barganhar e exigir obediência instantânea, pode ser uma forma de ensiná-los a serem responsáveis. Isso transfere ao filho a responsabilidade de ajudar a estipular os detalhes e lembrar-se de fazer as coisas. Perceba que os pais não estão ausentes no processo, eles procuram meios de deixarem de atuar como consciência da criança desenvolvendo a consciência dela própria.

Pensando em dois níveis

A responsabilidade exige que uma pessoa pense em dois níveis ao mesmo tempo. Um nível tem a ver com a tarefa em questão e o outro tem a ver com a qualidade dela, o horário da agenda, a organização e as expectativas dos outros. Por exemplo, Chase está jogando videogame. Se ele é responsável, então pode curtir o jogo, mas também estabelecer limites para as suas ações. Ele está ciente de que seu irmão está esperando a vez dele, que a tarefa escolar precisa ser feita e do limite de tempo que seus pais estabeleceram para o videogame. Em um nível, ele está curtindo o jogo, enquanto, no outro nível, ele está ciente das outras tarefas em questão. Ele as leva em conta e ajusta o jogo conforme for. Isso é responsabilidade e demonstra uma sensibilidade aos estímulos da consciência.

A maioria dos filhos não pensa no nível 2 e muitos nem sequer estão cientes de que ele existe. De fato, muitas crianças confiam nos pais para pensar no nível 2 por elas. Os pais que desempenham esse papel em vez de ensinar os filhos a agirem sozinhos têm de lembrá-los constantemente da hora, de tarefas que devem ser feitas e de como o comportamento delas está afetando os outros. Muitos pais, quando percebem que assumiram o controle do nível 2 de mentalidade pelos seus filhos, também veem que se tornaram a consciência dos filhos e reconhecem a necessidade de algumas mudanças.

Por exemplo, Chase é fraco na área da responsabilidade e os pais querem desenvolver o nível 2 nele. O pai explica o novo plano desta forma: "Chase, vejo que você curte o seu videogame. Não tem nada de errado nisso. Os jogos são divertidos. Mas jogar videogames pode ser um problema quando as outras coisas não são feitas. Estar ciente das outras coisas e ajustar suas ações para cuidar delas são demonstrações de responsabilidade. Por exemplo, se continua jogando e não passa a vez para o seu irmão, então você está permitindo apenas o nível 1, curtir o jogo, e atrapalhando o nível 2, a sua obrigação com o seu irmão. Limitar o nível 1, jogar videogame, e cuidar das outras coisas no nível 2 — como fazer a tarefa escolar e jogar apenas o seu tempo determinado para o videogame — demonstra responsabilidade. "Vamos estabelecer um sistema para ajudá-lo a se concentrar mais no nível 2 das coisas. Eis o plano. Enquanto estiver jogando videogame, a cada 15 minutos você tem que falar comigo. Você tem um minuto no qual você precisa dizer: 'Pai, eu estou conferindo.' Se você se lembrar, então isso significa que, enquanto estiver jogando, também está de olho no relógio — um dos sinais de responsabilidade. Conferir permite jogar por mais 15 minutos. Entretanto, se ficar tão envolvido ao jogo e não conseguir checar a hora, então perderá os próximos 15 minutos de brincadeira."

Agora Chase está aprendendo a ser motivado internamente para fazer o que é certo e para pensar além das suas ações atuais para as outras coisas, que também são importantes.

Conferir o relógio é apenas um dos sinais de uma pessoa responsável. Ligar o jogo ao ato de olhar o relógio ajuda a criança a se tornar mais consciente dos dois níveis da vida. O segundo nível foca a responsabilidade. Ao transferir a responsabilidade para ele, os pais de Chase o estão ajudando a construir habilidades de autoadministração.

Como nota para ser discutida mais tarde, existe um nível 3 de mentalidade que enfatiza o espiritual, o que Deus está fazendo e como ele quer que uma pessoa viva. Os filhos que aprendem a ir do nível 1 de mentalidade aos níveis 2 e 3 aumentam a percepção de vida.

Desenvolvendo convicções

Como já ressaltamos, a consciência não foi feita para ser a autoridade na vida da pessoa. Algumas crianças se sentem confortáveis ou desconfortáveis de formas inapropriadas e podem ter falsos indicadores por causa de uma consciência não treinada. Quando Ramon dá um soco na sua irmã e se sente feliz porque se vingou, cometeu um erro e precisa de repreensão. Só porque alguém sente uma sensação de paz acerca de alguma coisa, isso não quer dizer que seja o certo. Quando Joseph comete um erro, ele internaliza a culpa e diz várias coisas ruins a si mesmo, tais como: "Eu sou um idiota. Eu nunca vou fazer nada certo." Entender a consciência e reagir apropriadamente a ela exige treinamento.

A consciência não trabalha sozinha. Ela procura por um padrão no qual possa confiar. Se a pessoa não é cristã, o padrão de vida é o maior bem que ele ou ela possa imaginar. Entretanto, os cristãos percebem que Deus deu a Bíblia para ser nosso padrão e confiam na Palavra de Deus para suas vidas. Uma consciência treinada se alimenta das Escrituras. Nem todas as atitudes têm um versículo bíblico como base, mas um conhecimento crescente da Palavra de Deus produz um senso de obrigação de fazer o que é certo. É por isso que Salmos 119:9 diz: "Como pode o jovem manter pura a sua conduta? Vivendo de acordo com a tua Palavra." É importante que as crianças conheçam a Bíblia e entendam os princípios bíblicos para aperfeiçoarem a formação da consciência.

Uma consciência treinada se alimenta das Escrituras.

As crianças desenvolvem regras internas sobre como irão agir na vida. Essas regras internas são chamadas de *convicções.* Markus tira os sapatos na porta. É o que fazem normalmente na casa dele. Foi desenvolvida uma regra interna e, por isso, agora ele está motivado internamente para tirar os sapatos. Se ele tivesse de calçar os sapatos dentro de casa, se sentiria desconfortável porque a consciência iria sugerir que isso não é o certo. Mas Markus se sente muito confortável dando um soco no seu irmão mais novo e dizendo coisas malvadas para ele. Ele precisa de um pouco de trabalho para mudar o que acredita e para desenvolver uma regra interna sobre como tratar seu irmão.

Usando as regras para ensinar as convicções

As regras familiares são uma das maneiras de ensinar as convicções aos filhos. Afinal de contas, cada regra na família, seja escrita ou não, possui uma convicção por trás dela. As regras são baseadas em convicções, e, já que as crianças vivem em família, elas geralmente aprendem as convicções através das regras familiares. Por exemplo, o pai e a mãe desenvolvem uma regra na vida familiar que diz: "Sem dar socos nos outros e sem humilhações." Essa regra é ótima, mas ela fica mais preciosa ao compartilhar as convicções por detrás dela. O pai e a mãe consideram as convicções e reconhecem que isso é algo em que acreditam fortemente porque vêm da fé deles e do entendimento de como Deus quer que tratemos uns aos outros.

A mãe e o pai chamam os filhos para uma reunião familiar e dizem aos meninos: "Nós temos uma família excelente e curtimos muito nosso relacionamento. Na verdade, vemos vocês brincando juntos e isso traz alegria aos nossos corações. Mas percebemos que, às vezes, vocês recorrem aos socos e às humilhações. Vamos lidar com isso porque acreditamos que não é um problema simples. O relacionamento de vocês é precioso e aqueles pequenos socos e comentários podem prejudicar esse relacionamento ao longo do tempo. Isso é uma questão séria. Aqui está um versículo bíblico que ajudará nessa área. 1Tessalonicenses 5:11 diz: 'Exortem-se e edifiquem-se uns aos outros, como de fato vocês estão fazendo.' Esse é um bom versículo para nossa família. Vamos trabalhar nele. Se você der um soco ou humilhar seu irmão, então terá que fazer alguns exercícios de autoestima. Precisará pensar em três formas que podem elevar o seu irmão, escrevê-las, cumpri-las e contar para nós." Eles oraram juntos, como uma família, pois Deus daria aos meninos a força interna para fazer a coisa certa no relacionamento deles.

O pai e a mãe conseguirão ajudar Markus a mudar. Isso vai acontecer por várias razões. Primeiro, eles estão esclarecendo a convicção ao incorporá-la como regra na vida familiar. Em vez de simplesmente tirar o privilégio quando acontece uma agressão, o pai e a mãe estão exigindo que Markus faça a coisa certa. Com o passar do tempo, as tendências mudarão e as convicções se tornarão fortes o bastante para manter o desejo de humilhar os outros sob controle.

As tentações acontecem com as crianças assim como acontecem com os adultos. Quando uma criança finge e faz a coisa errada, é porque as emoções ou os desejos se tornaram mais fortes do que as convicções e o caráter. Todas essas coisas estão no coração. Boa parte do trabalho de educar os filhos é identificar quais qualidades do coração precisam de desenvolvimento e então praticá-las para aumentar a força interna.

Conversar sobre as convicções e o caráter ajuda as crianças a verem que existe uma linha entre o certo e o errado. Embora essa linha possa ser um pouco diferente de uma família para outra, as convicções que você possui em sua família esclarecem essa linha para seus filhos. Você já tem as regras na vida familiar. Gaste tempo falando sobre as convicções por trás das regras, então você terá oportunidades de desenvolver a consciência. Os valores por trás das regras familiares ajudam os filhos a entenderem por que suas regras são diferentes das regras das outras famílias e até por que as regras são importantes. Quanto mais capaz você for de fortalecer a convicção de uma criança, maior será a motivação interna.

Boa parte do trabalho de educar os filhos é identificar quais qualidades do coração precisam de desenvolvimento e então praticá-las para aumentar a força interna.

Nas crianças, as convicções se desenvolvem de outro modo, além de falar sobre regras familiares. Às vezes, é uma experiência significativa que ajuda a criança a desenvolver uma forte convicção sobre algo. Abigail tem 11 anos. Quando o vizinho ao lado estava morrendo de câncer no pulmão, seus pais conversaram sobre os perigos de fumar. O vizinho continuou fumando, embora os cigarros fossem a causa da morte iminente. Aquilo teve um grande efeito sobre Abigail. Ela não podia nem sequer pensar em chegar perto de cigarros. Baseada na experiência de vida, ela desenvolveu uma convicção e até mesmo uma paixão em seu coração contra o tabagismo. Os pais devem escolher atividades, tais como viagens missionárias, livros para ler e discussões para ajudar a guiar as convicções que seus filhos desenvolvem.

Usando a Palavra de Deus para formar convicções

A palavra de Deus é uma força poderosa para formar convicções. À medida que os filhos memorizam versículos e conversam sobre as Escrituras, desenvolvem um padrão que alimenta a consciência para fazê-la forte e sadia. Geralmente, as crianças precisam de ajuda para entender a Palavra de Deus e de sugestões para fazer dela algo prático. A formação espiritual para as crianças é essencial, para o crescimento delas e tem um efeito maravilhoso no nível de motivação interna. Transmitir a fé para os filhos provoca algo dentro do coração deles e os ajuda a desenvolverem fortes convicções sobre como viverão.

Tenha em mente que dizer às crianças o que elas têm de fazer ou simplesmente dar informações não é o suficiente para alcançar seus corações. O coração contém os princípios de ação do ser humano. Frequentemente, você pode descobrir quais são os princípios de ação ao olhar para as tendências dos seus filhos. A criança que tem a tendência de mentir para se livrar da encrenca possui um problema de consciência da mesma forma que uma criança que não consegue aceitar responsabilidade por uma ofensa ou aquela que é cruel ao irritar. Essas tendências de comportamento revelam os problemas do coração.

Boa parte da mudança do coração em uma criança acontece através da oração, do estudo da Palavra de Deus e pela graça de Deus atuando na vida da criança. Entretanto, os pais também podem fazer muitas coisas para influenciar essa mudança do coração. Uma das maneiras de mudar essas tendências é repetir o comportamento correto constantemente.

Treinar a consciência envolve ensinar a uma criança o que é o certo a fazer e então praticar isso. Se uma criança não está se saindo bem ao seguir as instruções, parte da solução é se concentrar naquela habilidade por certo tempo. Alguns pais acham que podem simplesmente mudar o jeito que dão as instruções e então a criança mudará. Embora isso possa acontecer de vez em quando, geralmente exige um pouco de prática extra para uma criança mudar a tendência de não seguir as instruções. Pode até ser necessário vinte instruções práticas por dia, além das instruções normais, para aumentar a curva de aprendizagem de uma criança que precisa desenvolver um novo comportamento.

À medida que os pais usam a abordagem da consciência para ajudar a criança a fazer o que é certo, eles contribuem para um senso de obrigação naquela criança para fazer o que é certo. Então, os pais estão contribuindo para o senso de responsabilidade e maturidade da criança e ajudando a construir a motivação interna.

5

Quando os filhos erram

O medo de cometer um erro é como uma prisão. O perdão é a chave que abre a porta. Às vezes, esse perdão é necessário para si mesmo.

O pai e a mãe estavam educando em casa seu filho de 14 anos, Gary, mas estavam se deparando com alguns importantes desafios de relacionamento. Gary parecia ser hipersensível à repreensão. Quando a mãe o repreendia por ele não ter feito a tarefa escolar, ou por outro problema, Gary reagia de modo infeliz. Ele se defendia e ficava bravo. A família precisava de ajuda. Embora ainda não soubessem expressar isso, eles estavam se deparando com desafios com seu filho na área da consciência que lida com os erros.

A consciência instiga os filhos com a culpa quando eles fazem a coisa errada. Na verdade, uma das funções da repreensão é revelar a fraqueza, o erro ou o pecado. Quando os filhos são confrontados com essa realidade, geralmente não gostam e não sabem como reagir de modo sábio. Eles podem recorrer a todos os tipos de estratégias de fuga inúteis e imaturas. Algumas crianças têm tendência a culpar os outros, racionalizar e até mesmo a ficarem bravos para se protegerem de sua própria culpa.

A culpa pode ser uma emoção útil

O desafio é ajudar os filhos a lidarem de modo eficiente com a culpa. A culpa é uma emoção boa que nos direciona ao arrependimento e não deve nos fazer ficar confusos com a vergonha. A culpa é uma sensação de convicção de ter feito a coisa errada. A vergonha é um sentimento de impotência porque "Eu sou um fracassado". A culpa é uma emoção sadia que motiva uma pessoa a admitir a transgressão e tomar a atitude apropriada para reparar o erro. A vergonha é uma emoção nociva que ataca uma pessoa com sentimentos de abandono e desesperança. A culpa pode ser usada por Deus para estimular a mudança. A vergonha é inútil e faz uma pessoa parar de tentar.

Os pais podem tirar vantagem da culpa natural que as crianças sentem como resultado da consciência e ajudá-los a serem motivados internamente para lidar de modo apropriado com ofensas. Entretanto, alguns pais cometem o erro de usar a vergonha para atrair a atenção das crianças. Às vezes os pais até descontam suas próprias frustrações nas crianças, envergonhando-as.

Por fim, a culpa é solucionada através do Dom de Jesus Cristo como sacrifício pelo nosso pecado.

Por fim, a culpa é solucionada através do Dom de Jesus Cristo como sacrifício pelo nosso pecado. A mais completa reação ao pecado é buscar o perdão de Deus pela fé em Jesus. Assim, cada pessoa pode fazer o que for necessário para buscar o perdão dos outros e reparar a ofensa cometida. A vergonha pode incitar os filhos a se sentirem inadequados. Uma criança pode ter tendências perfeccionistas que apresentam uma mensagem interna que diz: "Você jamais será bom o suficiente." Outra criança pode temer que admitir uma agressão possa, de certa forma, torná-la uma pessoa má. Esse modo de pensar errado sobre a culpa impede a habilidade de se reagir apropriadamente à consciência. Você pode ajudar seu filho a se livrar dos pensamentos errados e processar corretamente o erro cometido.

Entendendo o valor da repreensão

Um dos maiores presentes que podemos dar aos nossos filhos é a capacidade de pensar corretamente sobre seus erros e processar bem suas fraquezas. Isso começa ao ensinar aos filhos a valorizarem a repreensão. Parece ser algo impossível com algumas crianças, mas é uma boa maneira de começar. Você pode compartilhar Provérbios 6:23: "As advertências da disciplina são o caminho que conduz à vida." A questão é que a repreensão é algo bom e pode aumentar a qualidade de vida.

A questão é que a repreensão é algo bom e pode aumentar a qualidade de vida.

As crianças podem aprender as coisas de várias maneiras. Podem aprender com um professor, com os pais, ou através de um vídeo ou livro; mas uma das maneiras que Deus planejou para o aprendizado é através da repreensão. O problema é que alguns filhos acreditam que serem corrigidos é um sinal de fraqueza. Ser corrigido não denota fraqueza. O que importa é a reação à repreensão.

Os pais de Gary o trouxeram ao nosso escritório para aconselhamento. Eu, Scott, conversei primeiro com os pais e expliquei um pouco sobre a consciência, sobre a culpa e sobre como algumas crianças são resistentes ao encarar as agressões de frente e usam técnicas manipulativas para tentarem evitar a culpa. Expliquei que meu objetivo seria ensinar para o filho deles mais sobre essas mesmas coisas e ajudá-lo a entender o propósito de Deus para a repreensão.

Quando me encontrei com Gary, perguntei-lhe se eu podia compartilhar alguns versículos com ele. Ele estava muito aberto e percebeu que tinha um problema com a raiva. Conversamos sobre Provérbios 6:23 e sobre o valor da repreensão como uma ferramenta de crescimento. Então eu parei e disse: "Sabe, tem um versículo na Bíblia que você vai gostar. É o versículo do tolo. Você gostaria de lê-lo?"

Bem, aquilo surpreendeu o jovenzinho. Eles não usavam a palavra "tolo" na família. Sinceramente, também não uso essa palavra na minha casa, mas a Bíblia a utiliza. Então, eu dei a Gary uma Bíblia e pedi para que abrisse em Provérbios 12:1 e lesse para mim. Ele leu em voz alta: "Todo o que ama a disciplina ama o conhecimento, mas aquele que odeia a repreensão é tolo." Ele começou a rir. Ele não podia acreditar que a palavra *tolo* estava na Bíblia. Acho que ele mal podia esperar para contar aos outros sua descoberta.

Perguntei-lhe:

— Ali diz que a pessoa que é repreendida é tola?

— Não, respondeu ele.

Porém, a maioria das crianças acredita nisso. Elas acreditam que, se forem corrigidas, é devido a alguma falha pessoal enquanto seres humanos. Se as crianças reconhecessem que a correção não é um ataque pessoal e sim, de certa forma, uma ferramenta para o crescimento, elas reagiriam de maneira diferente ao desafio.

Continuei:

— O que o versículo diz?

— Aquele que odeia a repreensão é tolo.

— Isso mesmo. E como alguém iria demonstrar que odeia a repreensão?

— Talvez ele fique bravo.

— Sim, e o que mais?

— Ele pode ter um mau comportamento.

Nesse momento, Gary começou a perceber que ele estava descrevendo a si mesmo.

Tivemos um ótimo diálogo naquele dia sobre o valor da repreensão e isso teve um impacto marcante naquele jovem. Enquanto Gary estava saindo do meu escritório com sua mãe, ele se virou e disse: "Não vou ser tolo nesta semana." Imediatamente, sua mãe fez uma expressão estranha com o rosto. Imagino o que aconteceu na conversa que tiveram a caminho de casa. Eu estava somente usando a Palavra de Deus para ajudar Gary a desenvolver um novo entendimento sobre a repreensão.

O problema não é simplesmente com a criança. Se formos ajudar nossos filhos a aprenderem o valor da repreensão, então isso tem que começar com os pais. Você valoriza a repreensão? Não estamos só falando de ser corrigido. Também estamos nos referindo aos momentos em que você tem que corrigir seus filhos. A realidade é que muitos pais ficam irritados ou chateados com o processo de correção porque geralmente sentem que estão lidando com as mesmas coisas todos os dias. Ou eles estão ocupados tentando fazer as coisas e irritados porque precisam parar e corrigir o filho.

Ensinando aos filhos o valor da repreensão

Dois pontos irão ajudá-lo a lidar com os momentos de repreensão de modo mais eficiente. Um deles é tempo extra na agenda e o outro é um plano. Tempo extra na agenda significa reservar pequenos momentos em que correções inesperadas possam acontecer. Lembre-se de que a conversa mais importante que você tem com seus filhos no dia pode acontecer durante um momento de disciplina. Se você for capaz de romper a defesa da criança, então você terá uma boa oportunidade de fazer um trabalho importante no coração enquanto seus filhos lutam com os erros ou pecados e resolvem melhorar da próxima vez. Tudo se resume em ensino e treinamento, e a correção é uma parte importante do processo.

Muitas crianças têm dificuldades com o valor da correção. Pensando nisso, desenvolvemos um jogo com as crianças no escritório. Queríamos criar uma atividade divertida na qual as crianças teriam que cometer erros para ganhar. Era assim: aleatoriamente colocávamos 28 cartões virados para baixo em cima da mesa; 24 deles tinham um par exato. A criança virava um cartão para cima e tentava lembrar onde estava o par. Quando ela virava um segundo cartão e fazia o par, ela deixava ambos virados para cima na mesa. Mas, quando os cartões não faziam o par, ela os virava para baixo e dizia as palavras: "Ops, eu errei. Posso aprender com isso." Muitos adultos se beneficiariam ao brincar com esse jogo porque eles às vezes brincam de modo diferente e dizem a si mesmos: "Ops, eu errei. Eu sou um idiota."

A criança tem que dizer as palavras: "Ops, eu errei. Posso aprender com isso" várias vezes durante o jogo. Mas esse não é o único tipo de ofensa. Às vezes, o erro que cometemos fere os outros e a reconciliação é necessária. Então, no jogo, colocamos quatro cartões "Ai" na pilha. Toda vez que um cartão "Ai" era virado, a criança então dizia: "Ops, eu errei. Você me perdoa?" Muitos maridos e esposas deveriam jogar esse jogo para iniciar o hábito de pedir perdão, em vez do popular jogo no casamento que diz: "Ops, eu errei. A culpa é sua."

À medida que as crianças dizem essas frases várias vezes, estão construindo uma regra no jogo. Então, fica mais fácil para que falem essas frases na vida real. A questão que estamos tentando ensinar é que a repreensão é uma ferramenta preciosa, uma maneira de aprender e crescer. Deus quer que aprendamos com os erros e não que subjuguemos ou ataquemos outras pessoas.

Terminando bem os momentos de disciplina

O segundo importante componente para lidar bem com a correção é ter um bom plano. Os pais que não possuem um bom plano geralmente recorrem à educação reativa, simplesmente vendo os problemas e reagindo de maneiras que nem sempre são as melhores. Refletir sobre como reagir aos desafios pessoais com antecedência pode capacitá-lo a lidar com as necessidades da correção diária na sua família. Pense com antecedência sobre como quer reagir quando seus filhos estiverem brigando, choramingando ou mostrando desrespeito. Desenvolva um plano e provavelmente terá mais controle de si mesmo em vez de reagir de surpresa.

Uma maneira de fortalecer a consciência de uma criança é encerrar os momentos de disciplina com uma *conclusão positiva*, porque isso ensina às crianças um plano específico para lidar com a sensação desconfortável que elas têm quando cometem um erro ou fazem a coisa errada deliberadamente. Toda vez que você corrigir ou orientar seus filhos, ajude-os a processar a repreensão usando essa abordagem. Embora pareça uma fórmula, as crianças aprendem através da rotina, e essa abordagem pode ensiná-las a pensar quando tiverem cometido um erro ou feito algo errado.

A conclusão positiva consiste em três perguntas e uma afirmação. Desenvolvemos a conclusão positiva ao estudarmos o conceito bíblico de arrependimento e o processo de pensamento que as pessoas devem percorrer para se arrependerem. A palavra grega para *arrependimento*, usada na Bíblia, significa "uma mudança da mente". É isso o que procuram os pais que corrigem seus filhos. É mais que apenas uma mudança de comportamento; o importante é uma mudança do coração. Conforme as crianças passam pela conclusão positiva repetidamente, elas estão não só aprendendo como lidar com a repreensão atual, mas também como pensar sobre as repreensões em geral.

A primeira pergunta: confissão

A pergunta número 1 inicia o processo com a confissão: "O que você fez de errado?" Para alguém mudar, a confissão de uma fraqueza ou de uma ofensa é um bom começo. Ao responder a essa pergunta, os filhos aprendem a assumir a responsabilidade pela parte deles no problema. Às vezes, os pais fazem perguntas diferentes, tais como: "Quem começou?" Quando faz essa pergunta, você ensina seus filhos a ficarem na defensiva, porque os filhos normalmente pensam em todas as agressões dos outros antes de pensarem nas suas próprias agressões. Raramente, quando se pergunta: "Quem começou?", uma criança responde: "Fui eu." Infelizmente, muitos pais, na verdade, treinam seus filhos para estarem na defensiva ao fazerem as perguntas erradas.

Mesmo se a criança não começou, e isso é apenas 10% do problema, ela ainda precisa assumir a responsabilidade pelos 10%. As crianças precisam aprender como reagir bem quando os outros estão fazendo a coisa errada. Tudo faz parte de lidar com os conflitos. Em uma família, James, de 12 anos, culpava constantemente os outros pelos problemas. A mãe começou a usar uma abordagem diferente. Ela perguntou: "Quanto do problema foi culpa sua?"

Seu filho naturalmente respondeu: "Só 10% do problema são meus."

"Tudo bem", disse a mãe. "Vamos falar sobre os seus 10%. O que você fez de errado?"

Quando perguntam para algumas crianças: "O que você fez de errado?", elas respondem com "Não sei" ou "Não fiz nada errado". E, às vezes, elas sinceramente não sabem. Você faz seu filho dar uma pausa, ficar sentado por meia hora e então esquecer totalmente o que ele fez de errado. Nesse caso, você pode dizer o que ele fez de errado, mas não só diga e o faça concordar. Repita a pergunta e o faça confessar. A confissão é uma habilidade espiritual importante, e praticá-la enquanto você termina o momento de disciplina é uma ótima maneira de ajudar as crianças a aprenderem e crescerem.

Claro, algumas crianças respondem com um "Não sei" quando sabem o que fizeram de errado. Se seu filho faz isso, você tem que fazê-lo dar uma pausa novamente e lhe dizer: "Quando você lembrar, volte e venha me ver." É incrível como algumas crianças lembram rapidamente quando não existem outras alternativas.

Às vezes, as crianças devem lutar um pouco em seus corações para chegarem a um lugar de humildade e admitirem que erraram. Fazer uma criança dar uma pausa por um período de tempo indeterminado pode ajudá-la a superar a questão da culpa de maneira saudável. Alguns pais cometem o erro de mandar a criança para um intervalo de vários minutos, geralmente correspondente à idade da criança. Raramente esse período de tempo corresponde ao necessário para a criança processar a agressão. Mandar que a criança mude o coração e retorne quando estiver pronta pode levar uns trinta minutos ou até mesmo uma hora. A questão é que a criança deve primeiro se acalmar e combater a questão até que esteja pronta para confessar. Esse processo pode levar um pouquinho de tempo, mas é muito produtivo, à medida que força a criança a processar internamente a agressão.

A ideia de combater dentro do coração de alguém aparece na Palavra de Deus em várias ocasiões. Em Mateus 9:4, Jesus, sabendo que os doutores da lei estavam tendo dificuldades em seus corações, disse-lhes: "Por que vocês pensam maldosamente em seus corações?" Maria, a mãe de Jesus, estava maravilhada com a empolgação dos pastores diante do bebê Jesus e Lucas 2:19 diz que ela refletia todas essas coisas em seu coração. Embora Maria não estivesse necessariamente lutando com as coisas que estava vivenciando, perceba que a reflexão aconteceu no coração. Semelhantemente, a correção passa a ser uma das ferramentas que ajuda as crianças a refletirem internamente ou se esforçarem, indo para o lugar onde elas estarão prontas para admitirem a fraqueza ou confessar um erro. A primeira pergunta em uma conclusão positiva é algo estratégico para a mudança do coração.

A segunda pergunta: chegando ao coração

A pergunta "O que você fez de errado?" tende a focar o comportamento. A segunda pergunta, "Por que isso estava errado?", vai direto ao coração. Trabalhando com crianças mais velhas, até adolescentes, essa será uma excelente pergunta de direcionamento que ajudará a estipular os valores fundamentais, as convicções e as motivações. Essa pergunta sempre leva a discussões valiosas com as crianças sobre as ramificações mais profundas de suas ações.

Cada filho está, ou deveria estar, trabalhando algum tipo de qualidade do coração. Se seu filho de 15 anos está indo mal na escola porque esquece de entregar as tarefas escolares, ele precisa fazer mais do que simplesmente mudar o comportamento. Precisa trabalhar qualidades como comprometimento ou diligência. Se sua filha de nove anos sempre fez coisas dolorosas para o irmão, ela precisar mudar seu coração e se tornar mais bondosa. Seu filho de três anos talvez precise trabalhar a paciência e aprender a esperar com um coração feliz. Uma das ferramentas que você usará para desenvolver o caráter em seu filho é a repreensão. Se você vê a correção como uma interrupção no seu dia, então reage negativamente e pode perder boas oportunidades de crescimento. A segunda pergunta, "Por que aquilo foi errado?", ajuda as crianças a verem que suas ofensas pessoais estão ligadas a algo muito maior que existe dentro do coração.

Você pode usar a conclusão positiva com as crianças mais novas, mas elas provavelmente terão dificuldades para responder a essa pergunta, então faça uma pergunta de múltipla escolha. Se você possui três regras básicas em sua família, tais como obedecer, respeitar e ser gentil, então a maioria das ofensas que uma criança pequena pode cometer enquadra-se em uma delas. Então, quando fizer a pergunta "Por que aquilo foi errado?", a criança em idade pré-escolar pode escolher qual regra transgrediu. Agora, a conclusão positiva contribui ao ensino das regras familiares através de um diálogo prático e dos erros que a criança cometeu.

A terceira pergunta: um plano para a próxima vez

A terceira pergunta, "O que você vai fazer de diferente da próxima vez?", direciona o diálogo para o futuro. Faz as crianças pensarem nas "próximas vezes" da vida. E não só as crianças. Também é importante que os pais pensem em um plano para a próxima vez. Basicamente, através dessa pergunta, você está ajudando seu filho a desenvolver uma estratégia de vencer a tentação, pois terá um plano para a próxima vez. "Como você vai reagir melhor da próxima vez que eu lhe disser que não pode comer o lanche imediatamente?" Ou: "O que você vai dizer ou fazer quando seu irmão pegar algo seu sem sua permissão?"

A terceira pergunta, "O que você vai fazer de diferente da próxima vez?", direciona o diálogo para o futuro.

O arrependimento não é simplesmente parar de fazer alguma coisa. É uma mudança de 180 graus, escolhendo fazer o que é certo.

Então, quando os pais trabalham com os filhos para planejarem as próximas vezes da vida, estão ajudando a construir a confiança, a esperança e a mentalidade apropriada. Muitas vezes, durante a experiência da correção, os pais se concentram no que a criança fez de errado. A terceira pergunta da conclusão positiva ajuda os filhos a enfatizarem o que eles podem fazer de correto da próxima vez.

Não é apenas uma conclusão positiva que irá mudar o coração de uma criança. A mudança leva tempo. Muitas crianças sabem o que precisam fazer. Se você perguntar ao seu filho, é provável que ele responda que deve ser gentil com a irmã. Ele sabe disso, mas, quando ela pega algo sem a permissão dele, os princípios operantes em seu coração dizem: "Vingança." Além disso, você está educando a consciência e ensinando seu filho como reagir à sensação desconfortável da culpa que a consciência concede. Só a criança mais madura — assim como os adultos, por sinal — aprende como pensar corretamente sobre as ofensas. Esse treinamento é um trabalho primordial da formação da consciência na vida da criança.

Muitas crianças sabem a coisa certa a fazer, mas elas não sabem como aplicá-la em dada situação. Ao responder a terceira pergunta, seja específico, então seu filho entenderá como fazer o que é certo da próxima vez.

Responder à pergunta número 3 ensina à criança como reagir às interrupções com uma boa atitude, ou o que fazer ou dizer quando seu irmão está irritando alguém. Encare esse momento como uma reunião de planejamento que resultará em um plano de ação para a vida do seu filho.

Terminando os momentos de disciplina com esperança

Após as três perguntas, é importante dizer a última frase: "Ok, siga em frente e tente de novo." Essa é uma frase de afirmação que simplesmente diz: "Eu acredito em você. Conversamos sobre isso e identificamos uma melhor resposta para a próxima vez. Siga em frente e experimente." As crianças precisam dessa frase final porque ajuda a dar esperança à medida que elas continuam enfrentando os desafios da vida. É parecido com o que Jesus disse à mulher pega em adultério em João 8:11: "Agora vá e abandone sua vida de pecado."

Esse versículo é uma mensagem de libertação da consciência que as crianças precisam aprender a falar para si mesmas. Algumas crianças se subjugam constantemente por causa dos erros que cometeram. Outras crianças sentem-se impotentes ou se consideram fracassadas. Todas precisam daquela frase final. A afirmação dos pais é um grande passo para ajudar os filhos a esquecerem os erros do passado. A conclusão positiva é um presente que você dá aos seus filhos para ensiná-los a pensar corretamente sobre suas agressões.

Esse versículo é uma mensagem de libertação da consciência que as crianças precisam aprender a falar para si mesmas.

Desenvolvemos essa última frase na conclusão positiva após observar as formas como Deus disciplinou seu povo na Bíblia. Eles geralmente tinham uma reunião para antecipar problemas durante o momento de correção. Por exemplo, a consequência em Gênesis 3 foi que Adão e Eva foram banidos do jardim do Éden e jamais poderiam voltar. Mas Deus não deu só a consequência e prosseguiu daquele ponto. Deus se reuniu com eles e olhou para as roupas que estavam vestindo. Ele viu que as folhas de figueira que tinham sido costuradas eram inadequadas, provavelmente porque elas faziam Adão e Eva se lembrarem do jardim e do pecado que cometeram. E lhes prometeu que, um dia, a semente da mulher feriria a cabeça da serpente. Deus lhes deu esperança. Ele terminou o momento de disciplina com uma conclusão positiva, um bom modelo para nós, os pais.

Quando Jesus apareceu para Pedro após a ressureição, ele perguntou três vezes: "Simão, filho de João, você me ama?" Por que três vezes? Talvez porque poucos dias atrás, Pedro tinha negado Cristo três vezes. Ele tinha mentido dizendo que nem sequer conhecia o Salvador.

Pedro respondeu à pergunta três vezes em João 21:15-17: "Sim, Senhor, tu sabes que te amo." E veja a resposta de Jesus. Ele se concentrou no futuro e não no passado. Disse ele: "Alimente meus cordeiros", "Cuide das minhas ovelhas" e "Alimente minhas ovelhas". Basicamente, Jesus estava dizendo a Pedro: "Vamos lá, Pedro; vamos seguir em frente. Temos um Reino para construir." E poucos dias depois, Deus escolheu um homem para se levantar no dia de Pentecostes e pregar um sermão no qual três mil pessoas se converteram. A quem ele escolheu? O homem que havia mentido três vezes. Jesus restaurou Pedro e o usou poderosamente em seu plano do Reino.

Essa é a mesma mensagem que você deseja que seus filhos ouçam. Eles pecam e cometem erros, mas Deus ainda pode usá-los. A chave é tríplice: arrependimento, confissão e perdão.

Vamos dar uma olhada em mais uma bela história. Após Davi pecar com Bate-Seba, veio o profeta Natã e contou a história de um homem que roubou a ovelha de outro homem, apelando para a consciência de Davi. Davi ficou irado com a injustiça. Ele exigiu que o criminoso fosse punido pelo crime. Natã então revelou que Davi era o homem. Naquele momento, Davi sabia que seu pecado havia sido descoberto. A consequência é que seu bebê morreu. Levou sete dias para o bebê falecer, provavelmente porque Deus precisava desse período de tempo para trabalhar no coração de Davi. Mas a Bíblia diz em 2Samuel 12:24-25: "Depois Davi consolou sua mulher Bate-Seba e deitou-se com ela, e ela teve um menino, a quem Davi deu o nome de Salomão. E o Senhor o amou e, por isso, enviou o profeta Natã para dizer a Davi que o menino deveria chamar-se Jedidias." Este nome significa "amado por Deus." O que Deus estava fazendo? Ele estava tendo uma conclusão positiva com Davi e Bate-Seba. Basicamente, ele estava dizendo: "Vamos lá, o pecado já foi feito. A consequência já acabou. Temos um Reino para construir. Vamos seguir em frente."

Tenho certeza de que essas palavras foram um presente de que Davi e Bate-Seba precisavam para seus corações. Foi uma frase libertadora de consciência que os ajudou a ter o perdão de Deus de modo real. Deus trabalha na limpeza da consciência.

Na verdade, à medida que os pais trabalham rumo a uma conclusão positiva com seus filhos, estão demonstrando a maneira como Deus se relaciona conosco. 1João 1:9 deixa claro: "Se confessarmos os nossos pecados, ele é fiel e justo para perdoar os nossos pecados e nos purificar de toda injustiça." Deus quer purificar a consciência para limpá-la da culpa. Isso acontece primeiro quando aceitamos Cristo como Salvador e Senhor e depois conforme confessamos os nossos pecados a ele e buscamos sua graça todos os dias.

As crianças precisam saber como processar as agressões, como reagir à culpa e como receber o perdão. Boa parte das correções do dia a dia que você tem com seus filhos são oportunidades para refletir sobre quem é Deus e como ele lida com o pecado. À medida que faz o trabalho da disciplina dia após dia, você poderá fortalecer a consciência através da sua abordagem e dos diálogos que tiverem.

Fazer as três perguntas e dizer a afirmação não são apenas ferramentas infantis que as crianças vão abandonar. Elas são respostas maduras às agressões, aos erros, aos pecados e às fraquezas que as crianças usarão pelo resto da vida. Uma das principais razões de as crianças possuírem falta de motivaçao interna para lidar com os erros é a incapacidade de processar os erros e os pecados adequadamente. Ao trabalhar com a conclusão positiva e ensinar os filhos a valorizar a repreensão, você sempre estará abrindo novas portas para as crianças que as aceitam, para processarem sozinhas as agressões. Elas estão se tornando motivadas internamente e até mesmo sendo fortalecidas para abandonar a culpa que a consciência fornece. Afinal, muitos adultos reagem inadequadamente à correção. Eles acabam culpando os outros ou justificando suas falhas em vez de assumirem a responsabilidade por elas. A conclusão positiva é uma habilidade do adulto. As crianças que aprendem o processo na infância desenvolvem uma ferramenta poderosa que irão usar pelo resto da vida.

A conclusao positiva é apenas uma parte de uma boa rotina de disciplina, mas é um passo importante no processo. As crianças ainda podem precisar de uma consequência ou ter que fazer restituições, pedir desculpas ou se reconciliar com alguém; mas a conclusão positiva os prepara com uma forma para pensar, ajudando a abordar a consciência em uma das suas áreas mais sensíveis.

Um dos objetivos que os pais possuem, ou deveriam possuir, é capacitar seus filhos para lidarem bem com as agressões. A maioria das crianças tem um problema nessa área e precisa de um pouco de trabalho para se sentir mais confortável com seus próprios erros e fraquezas. Parte do treinamento da motivação interna incentiva os filhos a tomarem a iniciativa; porém, às vezes, por sermos pessoas imperfeitas, essa iniciativa resulta em erros, pecados e agressões. Treinar as crianças para valorizarem a repreensão e reagirem bem aos erros cometidos prepara-os para a vida. Ensinar-lhes sobre a consciência e seus estímulos para lidar com os erros, sejam intencionais ou deliberados, é uma grande ferramenta para a vida.

6

Aprendendo a valorizar a integridade

A honestidade é o primeiro capítulo do livro sobre o sucesso no relacionamento.

A honestidade é uma questão de consciência. De fato, o desenvolvimento de uma boa moral geralmente é revelado na capacidade de demonstrar honestidade em situações difíceis. Com treinamento, as crianças podem desenvolver uma motivação interna para manter a integridade em vez de sacrificá-la por algum benefício temporário. Considere estas histórias de três jovens que foram desonestos e foram trazidos ao nosso escritório para serem ajudados.

> O desenvolvimento de uma boa moral geralmente é revelado na capacidade de demonstrar honestidade em situações dificeis.

Brian, de 17 anos, roubou o cartão de crédito do pai para compar uma joia para a namorada. Eu, Scott, fiquei tão intrigado pela história que, em particular, perguntei-lhe o que estava pensando.

— Você achou que não seria descoberto?

— Ah, eu sabia que seria descoberto, mas imaginei que esqueceriam logo.

Brian não percebeu o que havia perdido.

Marcy, de 16 anos, foi pega pela polícia bebendo após sair furtivamente de casa. Trabalhamos com ela por vários meses durante um verão. Durante boa parte daquele tempo, ela estava de castigo, incapaz de passar tempo com os amigos. No fim do verão, disse-lhe:

— Agora que você vai voltar para a escola, terá seus amigos de volta. Como vai evitar que o problema aconteça de novo?

— Não vou fazer aquilo de novo, respondeu ela. Desenvolvi um relacionamento com meu pai nesses meses que não quero perder.

Sua motivação interna a estar aberta e ser honesta em vez de ser decepcionante cresceu bastante naquele verão.

Naquele mesmo dia, uma terceira jovem foi ao meu escritório porque seus pais haviam visto suas mensagens de texto e perceberam que ela estava comprometida com algo que era contra os valores familiares. Ela tinha sido desonesta com os pais e agora eles tinham um problema.

Em cada um desses casos, os jovens perderam algo muito precioso: a integridade. Cada um precisava aprender mais sobre o que eles realmente perderam. Ensinamo-lhes sobre o *pacote da integridade* e tudo que ele continha. Todos os três entenderam as ramificações do que haviam feito e estavam motivados a recuperar a integridade. Nós os ajudamos nisso.

Se o seu filho é jovem ou não possui um problema nessa área, não pense que não precisa se preocupar com isso. Ensinar os benefícios de uma vida íntegra é essencial para proteger os filhos para o futuro. As crianças precisam de automotivação para serem honestas e enfrentarem as tentações constantemente, sem tomar atalhos e sacrificarem a integridade pelas coisas que querem. Os pais nunca sabem quando uma criança será tentada a ser desonesta. Seu trabalho para construir uma consciência forte na área da honestidade beneficiará seu filho na vida adulta.

O pacote da integridade

O pacote da integridade contém vários benefícios. Um diálogo sobre o que é isso é precioso e pode ajudar a aumentar a motivação interna da criança nas oportunidades diárias de demonstrar honestidade. Se você é honesto, possui esses benefícios. Se você é desonesto, perde-os. É útil para as crianças entenderem o pacote da integridade antes de prejudicarem os relacionamentos sendo desonestas, mas também é útil quando elas tentam fazer o caminho de volta. O pacote da integridade contém os quatros itens a seguir:

O *benefício da dúvida* é um dos privilégios do pacote da integridade. É a tendência a acreditar em alguém quando a verdade é questionada. Temos a tendência a dar às pessoas o benefício da dúvida, quer a conheçamos, quer não. Se um estranho aparece e lhe diz alguma coisa, você tende a acreditar. Esse é o benefício da dúvida.

Se o pai entra na cozinha e coloca cinco reais em cima da bancada e retorna 15 minutos depois e vê que o dinheiro sumiu, ele tem um problema. Se a filha dele de 11 anos, Jill, nunca roubou dinheiro, então ele não considera que ela o pegou. Ele dá a Jill o benefício da dúvida. Entretando, se Jill já pegou dinheiro no passado, a dúvida surge na mente: "Será que Jill pegou?" Mais tarde, ele pode descobrir que a esposa o pegou e que Jill não era a culpada. A questão é que, quando alguém é desonesto, perde o benefício da dúvida.

O segundo componente do pacote da integridade é a *confiabilidade*. A pessoa que é confiável recebe privilégios extras e oportunidades. Por exemplo, se Judy é confiável, então a mãe diz: "Vou até a casa do vizinho por alguns instantes. Fique aqui e faça sua tarefa escolar." Se Judy nao é confiável, ela diz: "Vou até a casa do vizinho por alguns instantes. Venha, você irá comigo."

A confiabilidade permite que a pessoa tenha mais liberdade, autonomia extra e um pouquinho mais de independência. Você não quer perder o pacote da integridade. Ele contém itens preciosos.

O terceiro benefício do pacote da integridade é o *privilégio da privacidade*. Os pais têm a responsabilidade de vigiar os filhos, mas, quando as crianças são honestas, eles podem dar-lhes mais privacidade. Quando uma criança possui o hábito da desonestidade, os pais conferem mais as mensagens de texto, monitoram o histórico do computador e inspecionam o quarto. A privacidade é um privilégio que ninguém quer perder.

> A confiabilidade permite que a pessoa tenha mais liberdade, autonomia extra e um pouquinho mais de independência.

O quarto benefício do pacote da integridade é a *paz interior* que você tem quando faz a coisa certa. Se é chamado até a sala do diretor e você foi desonesto, imediatamente pensa: "Oh-oh. Eles descobriram." Mas, se você tem o hábito de fazer o que é certo, então diz: "Que curioso. O que será que é?" Se tem sido desonesto e sua mãe chama pelo seu nome lá do outro quarto, você entra em pânico imediatamente e imagina que foi descoberto. Se tem feito o que é certo, não tem essa sensação terrível. Existe algo muito libertador por dentro quando se tem o hábito de fazer o que é certo. A paz é algo que acontece dentro da consciência da criança. Na verdade, esse desejo pela paz é o que constrói a motivação interna de ser honesto diariamente.

Construindo o caminho de volta

Se você fizer um estudo sobre desonestidade na Bíblia, um personagem se destaca de todos os outros quando se trata de mentir e dissimular. Seu nome era Jacó e significava "o enganador". Ele roubou a primogenitura do irmão e enganou seu pai pela benção que deveria ir para Esaú. Jacó teve que fugir para salvar a vida e trabalhar com seu tio Labão. Ele jamais viu sua mãe novamente.

Em certo momento de sua vida, Jacó cansou-se de ser desonesto. Ele decidiu que mudaria. Não fica extamente claro quando isso aconteceu. Talvez tenha acontecido quando ele lutou com o anjo e Deus mudou seu nome de Jacó, ou "enganador", para Israel, que significa "Deus prevalece". Mas talvez a mudança tenha começado muito antes. Labão tinha dado a Jacó todas as ovelhas salpicadas e pintadas, as cabras e todos os cordeiros pretos como salário. Agora, veja Gênesis 30:33 e leia as palavras de Jacó ao patrão: "E a minha honestidade dará testemunho de mim no futuro, toda vez que você resolver verificar o meu salário. Se estiver em meu poder alguma cabra que não seja salpicada ou pintada, e algum cordeiro que não seja preto, poderá considerá-los roubados." Jacó não estava simplesmente tentando provar sua honestidade, mas também estava nos ensinando a solução para os filhos que querem construir o caminho de volta e recuperar o pacote da integridade.

De fato, foram essas palavras que ajudaram os três jovens cujas histórias foram relatadas no começo do capítulo a recuperaram a integridade. Todos começaram a construir o caminho de volta. Primeiro, vamos dar uma olhada no versículo; depois, iremos mostrar como a integridade é recuperada.

"E a minha honestidade dará testemunho de mim no futuro, toda vez que você resolver verificar o meu salário. Se estiver em meu poder alguma cabra que não seja salpicada ou pintada, e algum cordeiro que não seja preto, poderá considerá-los roubados." A palavra chave é "verificar". Quando os pais verificam a criança e veem que ela fez a coisa certa, inicia-se o processo de recuperar a confiança.

Os pais querem confiar nos filhos, mas a confiança não acontece apenas porque são seus filhos. A confiança ocorre quando os filhos são confiáveis, fazem o que disseram que fariam e são honestos. Quando os jovens são desonestos, perdem a confiança dos outros; mas é possível ganhá-la de volta. Quando determinam que permitirão que Deus faça uma obra mais profunda em suas vidas e se comprometem a se-

Os pais querem confiar em seus filhos, mas a confiança não acontece apenas porque são seus filhos.

rem honestos, eles não têm nada a esconder. Eles podem convidar os pais a verificá-los. A atitude dos pais de verificar os filhos é importante. A mãe e o pai não estão tentando descobrir se o filho fez algo errado, em vez disso, esperam encontrar uma criança confiável. Os pais e os filhos trabalham juntos para reconstruírem a confiança. Os pais querem confiar nos filhos. Mas a confiança surge com pequenos passos de confiabilidade ao longo do tempo.

Imagine o caminho de volta construído por muitos ladrilhos. A criança que permanece no final da estrada, sendo honesta e convidando os pais a verificá-la, está tentando reconstruir a confiança e tentando reconquistar o pacote de integridade. Cada vez que a mãe e o pai a verificam, é como pegar um ladrilho e ver se está firme e então colocá-lo no lugar. Não é só um ladrilho que reconstrói a integridade. Na verdade, digo para as crianças que geralmente são necessários cerca de quinhentos ladrilhos para reconstruir a confiança. Você precisa estar interessado no hábito de ser verificado. Além disso, se surgir alguma notícia ruim, certifique-se de que será você quem relatará aos seus pais em vez deles descobrirem pela professora, pelo treinador ou pelos pais dos amigos. Leva um longo tempo colocar os ladrilhos na sua estrada da confiança.

Ter em mente os estágios de desenvolvimento

Tenha em mente os estágios de desenvolvimento de uma criança à medida que você trabalha nela a ideia de desonestidade. Por exemplo, as crianças da pré-escola sempre se envolvem com o que chamamos de "pensamento mágico". Devido à imaginação estar em desenvolvimento nessa idade, elas geralmente ficam confusas com o que é real e com o que não é. Muitos livros infantis contam histórias de animais que falam, então, uma criança pode dizer que um esquilo lhe transmitiu uma mensagem. Nesses casos, é importante um pouco de direcionamento. "Já que os esquilos não falam, seria melhor dizer: 'Não seria engraçado se um esquilo disesse isso?' ou: 'Eu gostaria que um esquilo dissesse alguma coisa'." As crianças da pré-escola sempre precisam de ajuda para comunicar a fantasia, a fim de que não pareça desonestidade.

As crianças de qualquer idade sempre têm dificuldades em usar a verdade em situações socialmente desafiadoras. Por exemplo, uma criança de seis anos pode apontar para alguém do lado de fora de uma loja e dizer para a mãe: "Aquela pessoa está fumando. Ela vai ter um câncer." Embora possa fazer sentido e reflita as coisas ensinadas em casa, não é apropriado sempre compartilhar tudo o que pensa. Não precisa ser desonesto, mas a sabedoria exige muitas vezes discernimento acerca de quando e como usar a verdade.

Quando uma pré-adolescente vai embora de uma festa entediante e o anfitrião pergunta: "Você se divertiu?", como ela deveria responder? Ela deveria mentir para não ferir os sentimentos da pessoa? Mesmo que a resposta seja não, isso não significa que ela deve dizer à pessoa que foi a festa mais entediante em que já esteve. As crianças precisam aprender o que é educação e como reagir graciosamente e com honestidade em situações difíceis.

Algumas crianças usam a brincadeira como uma desculpa para mentir. Quando descobertas em uma mentira, para se desculparem, elas dizem: "Eu só estava brincando." É claro, isso é errado, mas elas nem sempre entendem a linha entre algo que é desonesto e algo que simplesmente é falso. Veja este exemplo:

Tobias entrou na cozinha e perguntou para a mãe: "O que temos para o jantar?"

A mãe respondeu: "Sopa de sapo." A mãe está mentindo? Não, ela está brincando ao dizer algo que não é verdade. Aqueles que definem a mentira como algo que não é verdade erram o alvo. Às vezes, alguém diz algo que não é verdade, é simplesmente incorreto ou um equívoco. Isso não é necessariamente uma mentira.

Mentir é usar palavras ou símbolos com a intenção de enganar. Ambos, Tobias e a mãe, sabiam que não teriam sopa de sapo. A mãe está brincando com o filho. Entretanto, se Tobias acha que ele pode encobrir uma mentira dizendo que estava brincando, ele não entendeu a questão. Qual é a diferença? Tobias estava tentando enganar. Obviamente, a linha entre os dois pode ficar muito confusa. Por causa disso, alguns pais dão uma pausa ao fazer piadas ou param tudo para ajudarem seus filhos a desenvolverem uma noção clara de honestidade. Brincar não é errado. É geralmente um meio divertido de interagir na vida familiar e contribui para unir os relacionamentos. Mas sempre tem um limite, e, quando esse limite é ultrapassado, os problemas acontecem. Devemos proteger o limite e ensinar os filhos a reconhecerem quando eles o ultrapassaram.

Se você tem um filho que tem dificuldade com a honestidade, ajude-o a construir a motivação interna para preservar a integridade. É útil ter diálogos regulares sobre a verdade e sobre ter a coragem interior de falar a verdade mesmo quando for difícil. A vida frequentemente concede tentações para mentir, trapacear, ou roubar para evitar entrar em encrencas ou para obter algo que a criança não seria capaz de ter de outra maneira. Algumas crianças mentem porque têm uma visão ruim delas mesmas ou porque não confiam nos outros. Uma força interior é necessária para fazer o que é certo nessas situações. Ser desonesto é um sinal de fraqueza, não um sinal de força, oposto ao que algumas crianças acreditam. Muitas crianças tomam atalhos na vida, e a desonestidade é só um sintoma da incapacidade de esforçar-se ao máximo. Muitos pais podem ajudar seus filhos ao dar-lhes mais tarefas e serviços complicados para construir as qualidades de determinação e perseverança no coração.

Algumas crianças usam a brincadeira como uma desculpa para mentir.

É sempre útil orar e pedir a Deus para revelar os momentos em que seu filho está fazendo a coisa errada ou tentando se livrar de algo sem ser descoberto. Deus geralmente revela aos pais informações que os ajudam a tomar atitudes e expor a desonestidade. Esses acontecimentos concedem a oportunidade de ensinar que a desonestidade não vale a pena. Além disso, os pais cujos filhos facilmente cedem à tentação de serem desonestos precisam ser mais vigilantes e devem verificá-los sempre. Essa vigilância frequentemente fortalece a consciência. Gera um desconforto para a criança e produz um diálogo interior. Ela diz: "É melhor eu não fazer isso, senão serei descoberto." Embora essa não seja a melhor forma de motivação interna, ajuda as crianças a verem que a mentira e a desonestidade não valem a pena. O objetivo é que, com o passar do tempo, os filhos reconheçam o perigo dos hábitos de desonestidade e, então, procurem por meios de construir a integridade na vida deles.

As crianças que costumam mentir acham que não serão descobertas, que ninguém está observando ou que a agressão será ignorada de alguma maneira. Uma das realidades importantes da vida é que Deus sempre está observando. Não queremos que nossos filhos enxerguem Deus como um policial cósmico, mas, sim, que reconheçam que Deus vê as situações difíceis em que nos encontramos, entende nossos desejos e nos oferece força e poder para fazer o que é certo, mesmo quando é difícil. Deus nos promete a graça, e, quando os filhos adquirem um entendimento mais amplo do que é a graça, ela os ajuda a viver cada dia.

A graça não desvia o olhar quando alguém peca. A graça se identifica com nossas fraquezas, dando-nos a força para lidarmos com os momentos difíceis e nos fortalecendo para confiar em Deus por suas respostas em seu tempo.

A integridade é uma daquelas qualidades que define a sensibilidade do indivíduo para a fé e a moral. Enfatizar isso na vida familiar é estratégico. Pode levar anos para ajudar uma criança a vencer o hábito de mentir, mas o seu trabalho árduo ao longo do tempo compensa ao comunicar a importância de viver uma vida de integridade e assim fortalecer a consciência da criança.

7

Compaixão: pensar além de si mesmo

Se você quer que seus filhos voem em linha reta, ensine-os a obediência. Se você quer que eles voem alto, ensine-os a honra.

Teresa é egocêntrica. Ela tem dez anos e acha que o mundo todo gira em torno de seu umbigo. Charity continua a descrever seus três filhos. “Ronald tem 14 anos e fica tão irritado com ela e com o irmão mais novo que está sempre humilhando os dois e fazendo comentários sarcásticos. Não sei o que fazer. Nosso lar é um lugar infeliz.”

Enquanto ouvíamos Charity compartilhar sua história, sentimos sua dor. A mãe sabia que, se algo não mudasse, o comportamento que ela enxergava nos filhos iria prejudicar o relacionamento de ambos agora e no futuro. Estávamos ansiosos para ajudar essa mãe porque temos visto famílias como essa mudarem com o tempo, tornando comportamentos tóxicos em saudáveis. Começamos ajudando a mãe a pensar em cada filho individualmente e então desenvolver um plano de ação. Teresa tinha a tendência de ser egoísta, então sabíamos que a abordagem da consciência com o foco de se preocupar com os outros seria uma ótima forma de começar.

É sempre estimulante ver uma criança que naturalmente pensa nos outros. Essa criança pode perceber que você está triste e oferecer um abraço, deseja ajudar as pessoas mais pobres a terem o que comer ou vê um pássaro ferido e quer prestar socorro. Essa sensibilidade é um dom e demonstra a motivação interna, despertada pela consciência.

Entretanto, a maioria das crianças precisa de trabalho nessa área, e os pais podem fazer muitas coisas para ajudar. Como algumas crianças têm tendência a pensar somente nelas mesmas, no que elas querem, no que elas precisam ou em como elas podem ser felizes, um pouco de treinamento é necessário para desenvolver a nova forma de mentalidade. Parte desse treino dará ênfase àquilo que as crianças acreditam, e a outra parte irá se concentrar em maneiras práticas para mudar como elas agem.

Ajudando os filhos a desenvolverem a compaixão

Para motivar os filhos a desenvolverem novos costumes, os pais geralmente têm de forçar os filhos além da tendência ao egoísmo, exigindo que eles procurem modos de pensar nos outros. Deus criou nosso mundo e conhece o que funciona de maneira eficiente. Ele nos deu princípios que irão guiar nossa mentalidade.

Por exemplo, Filipenses 2:3-4 diz: "Nada façam por ambição egoísta ou por vaidade, mas humildemente considerem os outros superiores a si mesmos. Cada um cuide não somente dos seus interesses, mas também dos interesses dos outros." Esse é um grande versículo da família e pode ajudar as crianças a pensarem em meios para contribuirem para o bem-estar dos outros.

Romanos 12:10 é o nosso versículo preferido para essa área da consciência. "Dediquem-se uns aos outros com amor fraternal. Prefiram dar honra aos outros mais do que a si próprios." Esse versículo é para todo mundo, não só para as crianças. Contudo, a honra é uma das qualidades apendidas em casa. Aparece oito vezes na Bíblia: "Honra teu pai e tua mãe." Na verdade, de acordo com Efésios 6:1-3, existem duas partes da descrição do dever de uma criança: a obediência e a honra. Deus criou uma consciência dentro da criança que pode ser treinada com os dois princípios. À medida que elas aprendem a obediência, estão aprendendo a fazer o que é certo. À medida que aprendem sobre a honra, estão aprendendo a pensar nos outros.

> "Prefiram dar honra aos outros mais do que a si próprios." Esse versículo é para todo mundo, não só para as crianças.

Hebreus 13:18 une o conceito de viver de forma honrosa com a consciência: "Estamos certos de que temos consciência limpa, e desejamos viver de maneira honrosa em tudo." A consciência que Deus inseriu em nós traz uma satisfação interna quando fazemos algo bom para os outros.

Você se sente bem quando permite que outra pessoa vá primeiro ou pegue o melhor assento. Naquele momento, você geralmente sente uma sensação de grandeza, destacando-se da multidão.

É isso o que Jesus estava tentando ensinar aos seus discípulos quando lhes disse em Marcos 10:42-44: "Jesus os chamou e disse: 'Vocês sabem que aqueles que são considerados governantes das nações as dominam, e as pessoas importantes exercem poder sobre elas. Não será assim entre vocês. Pelo contrário, quem quiser tornar-se importante entre vocês deverá ser servo; e quem quiser ser o primeiro deverá ser escravo de todos.'" Na verdade, quando consideramos os outros ou os servimos, nos tornamos como Jesus. É isso que ele acrescenta no versículo 45: "Pois nem mesmo o Filho do Homem veio para ser servido, mas para servir e dar a sua vida em resgate por muitos."

Teresa precisava pensar nos outros, ficar mais ciente de como suas ações estavam afetando as outras pessoas e então fazer algumas mudanças importantes em como ela vivia e agia. Ajudamos Charity a usar o conceito bíblico da honra para aumentar a sensibilidade em sua filha.

A honra é uma ferramenta prática para o desenvolvimento da consciência, e ensinar sobre a honra pode gerar a motivação interna na criança na área de se preocupar com os outros. Definimos a palavra honra em termos simples para as crianças. À medida que vemos o conceito ensinado na Palavra de Deus, ensinamos que a honra é tratar as pessoas como sendo especiais, fazer mais do que é esperado e ter uma boa atitude. Essa é uma definição funcional sobre honra, ajudando as crianças a saberem como colocar a honra em prática. Até mesmo as crianças mais novas conseguem memorizar essa definição. Mas a honra não é só para as crianças mais novas. Dizemos para os adolescentes que Deus escondeu dentro da honra os ingredientes secretos de que precisarão para serem bem-sucedidos na vida. Quando você trata os outros como pessoas especiais, geralmente isso retorna para você. Vamos pegar essa definição de honra, analisá-la em três partes e discutir como usá-la na vida familiar.

Em primeiro lugar, a essência da honra é tratar as pessoas como sendo especiais. A palavra grega usada no Novo Testamento para a honra é *timae* e significa *valor*. No Antigo Testamento a palavra é *cavod* e significa *pesado*. A ideia de ambas é que tratemos os outros como preciosos. Alguns pais acham que ensinar sobre a honra simplesmente significa treinar os seus filhos para terem boas maneiras. Mas a honra é mais do que isso. As boas maneiras enfatizam o comportamento. A honra vem do coração. É um conceito muito prático para a vida familiar, mas a maioria das crianças precisa de um pouquinho de ajuda para entendê-la e desenvolvê-la. A obediência faz o trabalho ser feito, mas a honra lida com o modo como o trabalho é feito. A honra é um termo relacional. As más atitudes, o choramingar e as reclamações

A obediência faz o trabalho ser feito, mas a honra lida com o modo como o trabalho é feito.

são questões relativas à honra. A honra ajuda a desenvolver a compaixão porque ela ajuda as crianças a serem motivadas internamente para pensarem além de si mesmas e contribuirem para a vida dos outros.

Claro, o inimigo da honra é o egoísmo, uma atitude de "eu primeiro" que impede a pessoa de tratar os outros como sendo especiais. Se você está percebendo qualquer tipo de egoísmo no seu filho, então lembre-se de que para cada forma de egoísmo, existe uma solução baseada na honra. Muitas crianças, e também adultos, são motivadas internamente para pensarem em si mesmas. A honra eleva o nível e fornece para a consciência ferramentas práticas para ir além de si mesmo e pensar nos outros.

Ilustrando a honra como um presente

A honra é como dar um presente. As crianças gostam de dar presentes. Elas curtem planejar surpresas para as pessoas. É uma maneira de tratar as pessoas de modo especial. Tire vantagem desse desejo e planeje um presente ou uma surpresa para alguém. Então, chame isso de honra. As crianças logo irão associar os dois e reconhecer que a honra pode ser usada de muitas maneiras nos relacionamentos para fazer mais do que o esperado, oferecer uma surpresa especial e melhorar a atmosfera.

Você, pai ou mãe, provavelmente já honrou os seus filhos de várias maneiras. Quando você vai ao supermercado, traz para casa os biscoitos preferidos do seu filho. Por quê? Porque gosta de ver a alegria no rosto dele. Você pode dizer: "Filho, eu quis agradá-lo ao comprar os seus biscoitos preferidos." Não vai demorar muito para pedir que ele demonstre também honra na sua família.

Mas como fazer para as crianças demonstrarem honra? É difícil ensinar alguém a lhe dar um presente. Uma mãe ensinou a honra da seguinte maneira. Disse ao filho que ele precisava colocar a mesa do jantar. Isso é obediência. Então, quando ele tivesse acabado, precisava acrescentar mais alguma coisa. Isso é honra. Se precisasse de ideias, ela poderia oferecê-las, mas ele precisava escolher sozinho. Ele podia fazer um arranjo, fazer cartões ou colocar gelo nos copos. "Faça sua escolha e a realize; então volte e mostre o que você fez." O filho escolheu fazer um pequeno avião de papel para cada pessoa na mesa. Quando a família foi jantar e viu os aviões, eles sorriram. A mãe disse: "O nosso jantar tem um gosto bem melhor quando a honra está à mesa."

Quando duas crianças têm tendência a brigar, discutir e competir uma com a outra, pode ser a hora de iniciar a terapia da honra. Quando você vê alguma forma de desonra ou mesquinhez, pode exigir que o seu filho pense em dois itens honrosos que pode fazer para o irmão antes que ele possa ir embora. Dá trabalho mudar os maus comportamentos e hábitos de mesquinhez, mas praticar a honra várias vezes ao dia pode simplesmente ser a estratégia necessária para transformar os maus costumes em bons modos.

A honra constrói a consciência e ela aumenta o senso de obrigação de tratar os outros de maneira generosa. À medida que os pais reforçam a ideia de que a honra não é opcional e que todos têm a responsabilidade de tratar bem os outros, as crianças começam a se sentir desconfortáveis com os maus tratos.

Ajudamos Charity a desenvolver também um plano para Ronald. Ele também precisava de honra, mas as técnicas e estratégias para ele eram um pouquinho diferentes. Ronald tinha um problema. Ele estava constantemente irritado com seus irmãos mais novos e não sabia como lidar com essa frustação. Quando ficava irritado era tentado a usar as humilhações e o sarcasmo para comunicar seu desprazer. Aquilo precisava mudar.

Ronald sabia que a crueldade com os irmãos era errada. Ele precisava de um plano melhor e precisava mudar os hábitos de mesquinhez que havia desenvolvido. A mãe deu a Ronald a ideia de mudar a si mesmo, mesmo se os irmãos não mudassem. Ele podia se tornar uma pessoa mais educada. A capacidade dos irmãos de mudar era tão importante quanto a capacidade de Ronald de reagir bem numa situação difícil. Charity também usou a firmeza e a prática enquanto treinava Ronald para contribuir de forma significativa na vida familiar. Na verdade, Ronald aprendeu mais do que tratar a irmã e o irmão com mais bondade. Ele também começou a implementar a outra parte da definição sobre honra, fazendo mais do que era esperado.

Ensinando as crianças a fazer mais do que é esperado

A segunda parte da definição sobre honra é fazer mais do que é esperado. Vem da diretriz bíblica: "Se alguém o ferir na face direita, ofereça-lhe também a outra" (Mateus 5:39); "Se alguém o forçar a caminhar com ele uma milha, vá com ele duas" (Mateus 5:41); "Amem os seus inimigos" (Mateus 5:44); "Abençoem aqueles que os perseguem" (Romanos 12:14); "Se o seu inimigo tiver fome, dê-lhe de comer" (Romanos 12:20); e outros que transmitem a mesma ideia. Cada um desses mandamentos indica uma forma de viver fazendo mais do que se é esperado.

Para praticar isso em casa, você pode incentivar as crianças a fazerem atividades extras para supreender as pessoas. Um pai contou esta história: "Eu queria ensinar aos meus filhos como honrar a mãe deles; então, enquanto ela estava fora de casa, decidimos nos preparar para sua chegada. Pedi aos garotos para pensarem em sugestões. Eles tinham que ter compaixão ao refletirem sobre as necessidades da mãe e o que ela gostava. Tivemos várias ideias e, quando a mãe entrou pela porta, nós lhe demos um abraço, trouxemos-lhe algo para beber e pegamos as bolsas da mão dela. Assim, ela podia se sentar e descansar enquanto eu e os meninos fazíamos o jantar. A mãe sentiu-se honrada e todos curtiram o processo."

Essa parte da definição da honra ensina aos filhos a iniciativa. Eles aprendem a ser motivados internamente para verem as coisas que precisam ser feitas e fazerem algo a respeito. A criança que aprende sobre a honra rende melhor na escola, por exemplo, porque está constantemente buscando algo extra para fazer e procura fazer melhor sua tarefa ou ajudar na sala de aula.

Charity fez uma parceria com Ronald para buscarem meios de levantar o ânimo da família. Ronald iria procurar meios de contribuir para a vida familiar. Às vezes, ele precisava de um pouco de estímulo, mas a mãe estava motivada pela mudança positiva que estava vendo no filho. Ele estava entendendo, e a vida familiar estava entrando em sintonia.

Se você vai ensinar sobre a honra, tem que permitir que seu filho escolha o que fazer. Isso faz do ensino da honra um pouco difícil. Procure por meios de ensinar a honra como parte das instruçoes que devem ser seguidas, mas tenha o cuidado de dar ao filho um pouco de iniciativa no processo. Se você o mandar limpar o banheiro, isso é obediência. Mas se você o mandar ir ao banheiro e "dar a olhada da honra", e ele entende o que precisa ser feito e o faz, isso é honra. O segredo é que a criança tem que pensar no que fazer. Para dar honra dessa forma, a criança deve considerar as necessidades e os sentimentos das outras pessoas. É quando a consciência se exercita. Quando as crianças têm de descobrir o que é certo e fazer alguma coisa para se importar com alguém sem ser solicitada, estão desenvolvendo a motivação inicial e interna.

As boas atitudes são essenciais e não opcionais

A terceira parte da definição de honra incentiva as crianças a terem uma boa atitude. Algumas crianças agem sob o conceito errôneo de que, se elas estão decepcionadas ou infelizes, têm o direito de mostrar seu descontentamento e fazer todos se sentirem péssimos. Filipenses 2:5 diz: "Seja a atitude de vocês a mesma de Cristo Jesus." O versículo 14 do mesmo capítulo diz: "Façam tudo sem queixas nem discussões." A ideia é que a sua atitude seja um sinal da obediência a Deus.

Alguns pais justificam a atitude da criança dizendo coisas do tipo: "Ele é apenas um menino", "Ela é uma adolescente", "Ela teve um dia difícil" ou "Ele está cansado". Quando damos uma explicação para a má atitude da criança, perdemos a oportunidade de ensinar a honra. Uma atitude afeta o clima em um ambiente. Da mesma forma que colocar o lixo em um lago polui a água, uma atitude ruim desencoraja o ambiente emocional em uma casa. À medida que você ajuda seus filhos a se importarem com os outros, mesmo quando eles se sentem chateados, você está lhes ensinando sobre a obrigação interna. Você está fortalecendo a consciência.

> Filipenses 2:5 diz: "Seja a atitude de vocês a mesma de Cristo Jesus."

Charity ilustrou essa ideia para seus filhos. Ela pegou um balde de plástico e fez buracos no fundo, então a água podia escorrer para fora. Eles penduraram o balde em uma árvore baixa o suficiente para as crianças serem capazes de alcançá-lo. A quase oito metros de distância havia outro grande balde cheio de água. O objetivo era a mãe e as crianças trabalharem juntas para encher o primeiro balde com água. Claro, o balde vazava, então foi necessário que eles trabalhassem muito para mantê-lo cheio. Depois, eles se sentaram na grama, leram os versículos de Filipenses citados anteriormente e conversaram. Conforme o balde continuava a vazar, todos ficaram olhando para ele. Foi uma ótima ilustração.

Charity disse: "Se imaginarmos que o balde é a nossa família, e a água é a energia de que precisamos para manter nossa família bem, então, de quem é o trabalho de encher o balde? E se só a mãe enchesse o balde? Continuaria cheio? Provavelmente não. Quando todos estão trabalhando juntos para investir energia na vida familiar, todos desfrutam os benefícios. Se alguém tem uma atitude ruim, briga ou se lamenta, é como se fizesse outro buraco no balde."

Eles continuaram a falar sobre as maneiras de investir energia na vida familiar e sobre como as pessoas, às vezes, dificultam essa energia. Então, eles oraram juntos para que Deus fortelecesse a família e que cada pessoa pudesse ser útil nesse processo. Ao longo dos dias seguintes, eles tiveram várias oportunidades para conversarem de novo sobre o balde.

É interessante ver o que acontece com as crianças que têm uma visão clara sobre a honra. Para algumas crianças, dá muito trabalho, mas, ao longo do tempo, elas começam a se sentir desconfortáveis com o egoísmo e sentem uma obrigação interna de se importar com os outros. Às vezes, o sentimento de compaixão não está lá, mas uma criança decide fazer a coisa certa e divide um lanche ou permite que alguém tenha sua vez no jogo. É ao longo do tempo que se desenvolve a compaixão.

Deu muito trabalho, mas Charity viu mudanças significativas em sua família. As crianças estavam lidando melhor com os conflitos, os aborrecimentos e os desafios, e o sistema de honra os estava transformando de maneira positiva. A mãe continuou trabalhando com cada um dos seus filhos individualmente para reforçar a consciência na área de se importar com os outros. Eles até planejaram modos de demonstrar honra juntos para quem não era da família. Charity começou a perguntar constantemente no jantar: "Qual gesto de bondade você fez hoje?" Foi divertido ouvir o relatório das crianças. A mãe criou uma cultura em sua família na qual se espera demonstrar honra todos os dias. É preciso muito trabalho para ajudar as crianças a irem do egoísmo para um modo de vida focado nos outros. Ajudar as crianças nessa área fortalece a consciência e gera neles a obrigação interna de colocar em prática com os amigos e também com os outros.

Grande parte do trabalho de desenvolvimento da consciência tem a ver com o desenvolvimento de conscientização e de novos princípios, e, em seguida, praticá-los. É por isso que Deus criou a família para ser um ambiente de crescimento e desenvolvimento. Entender a consciência fornece mais ferramentas para cumprir alguns dos objetivos que toda família possui. As crianças tornam-se mais sensíveis aos estímulos internos da consciência e do Espírito Santo, e a maturidade e a responsabilidade são os resultados.

8

Filhos tomando a iniciativa

A coragem sem uma consciência forte pode conduzir os filhos a todo tipo de calamidade.

Era perceptível a frustração na voz de Tamela. "Às vezes, sinto que sou louca. Eu tenho quatro filhos com idades de sete a 16 anos, e eles deixam as coisas espalhadas pela casa. Várias vezes ao dia, tenho de fazê-los pegar as coisas e guardá-las, mas uma hora depois a casa está novamente uma bagunça. Não gosto de sempre reclamar e gritar com eles, mas não sei mais o que fazer. Gostaria que eles fizessem as coisas sem que isso lhes fosse solicitado."

As palavras de Tamela poderiam ter saído da boca de muitos pais e muitas mães nos dias de hoje. É encorajador para o coração de um pai quando as crianças tomam a iniciativa por elas mesmas. A criança da pré-escola que pega o lixo e o coloca no cesto, a criança do Ensino Fundamental que coloca a louça na máquina de lavar sem ser solicitada e o adolescente que se lembra que é terça-feira e leva o lixo até a rua — todos têm uma coisa em comum. Eles viram uma necessidade e tomaram uma iniciativa positiva. Por outro lado, pouco benefício é adquirido da consciência se as crianças recebem um estímulo e não sabem como ou não têm o caráter para correspondê-lo.

Tamela ficou satisfeita com as soluções que lhe demos. À medida que ela começou a implementá-las, viu mudanças em seus filhos e em si mesma. Como Tamela estava disposta a fazer alguns ajustes na maneira como ela trabalhava com os filhos, fez uma enorme diferença na iniciativa e no relacionamento deles. Iremos compartilhar a estratégia dela e mais algumas ideias neste capítulo.

Ensinando as crianças a tomarem a iniciativa

Uma das qualidades mais importantes do coração que as crianças podem desenvolver é a iniciativa, e os pais podem fazer muito para ajudar. Ter iniciativa é simplesmente agir sem ser solicitado. No entanto, para tomar a iniciativa, deve-se possuir três itens: sensibilidade aos estímulos internos, coragem ou obrigação ao reagir e sabedoria para agir adequadamente. Afinal de contas, o desejo de fazer alguma coisa pode vir do coração, mas isso não o torna algo sábio a fazer.

Uma das qualidades mais importantes do coração que as crianças podem desenvolver é a iniciativa, e os pais podem fazer muito para ajudar.

As crianças desenvolvem uma sensibilidade maior aos estímulos internos quando os pais, os professores e os outros líderes ajudam a aumentar a conscientização. Quando Samuel ouviu seu nome ser chamado no meio da noite, ele simplesmente pensou que era Eli, o sacerdote, chamando-o. Só depois que Eli disse a Samuel que a voz era de Deus, o menino foi capaz de ouvir o Senhor. Eli instruiu Samuel: "Vá e deite-se; se ele chamá-lo, diga: 'Fala, Senhor, pois o teu servo está ouvindo'" (1Samuel 3:9). Samuel fez o que Eli disse, e naquele momento o menino começou a ouvir a voz de Deus em sua vida.

Um pai perguntou ao filho de oito anos: "Deus fala com você?" É surpreendente como muitas crianças cristãs respondem "não". O filho dele também respondeu que não, mas, após pensar por uns instantes, mudou de ideia e respondeu: "Eu acho que sim."

O pai usou aquela pergunta para ajudar a aumentar a sensibilidade do filho aos estímulos internos do Espírito Santo e à consciência. Ele respondeu: "Você tem razão. Deus fala com as crianças por meio da Bíblia, dos pais, de outras pessoas com autoridade, dos estímulos internos e da oração. Mas você tem que ouvir o que Deus tem a dizer. Além disso, Deus usa os estímulos da consciência para nos conscientizar das coisas. Quando você é sensível à consciência, acontecem coisas boas."

Durante os dias que se seguiram, eles tiveram uma interação divertida. O pai, em momentos aleatórios, dizia: "O que Deus está falando para você agora?" Eles conversaram a respeito de Deus não falar só dentro da igreja ou quando abrimos a Bíblia. Ele pode falar a qualquer momento e devemos estar prontos para ouvir o que ele tem a dizer. Claro, às vezes, é difícil saber se é o Espírito Santo falando, se é o estímulo da consciência ou somente nossa imaginação dando uma ideia. Por isso é importante passar muito tempo com a Palavra de Deus para ter certeza de que o que estamos ouvindo realmente vem de Deus.

Desenvolver a iniciativa nas crianças ajuda a estimular a coragem e a confiança de que elas precisam para verem os problemas na vida e fazerem algo a respeito. Quando os filhos acreditam que têm a solução e realmente podem resolver um problema, eles geralmente ficam dispostos a se envolverem para solucioná-lo. Obviamente, algumas crianças têm medo de cometer erros. Essas crianças precisam aprender a transformar os erros em experiências de aprendizagem. Apenas aquelas que estão dispostas a correr o risco do fracasso são capazes de conseguir o sucesso. Quando os pais incluem a tomada de inciativa por parte das crianças no treinamento, elas começam a resolver os problemas sozinhas.

Primeiro, ajudamos Tamela a compreender a si mesma. Dentro de seu próprio coração, ela tinha um ponto de reação. O ponto era muito importante porque era um sinal interno de que algo estava errado e ela precisava de um plano. Seu plano de gritar e irritar não estava funcionando. Sua primeira missão era ter controle sobre si mesma naquele momento e a apropriada paz divina em seu coração. A reação iminente precisava estar de acordo com o plano interior de controle do Espírito Santo.

Depois, Tamela precisava começar a lidar com cada filho individualmente. Cada um precisava de um plano para ser mais atento e cuidadoso com as coisas da casa. Ela decidiu começar com o filho de 12 anos: "Filho, eu não gosto do jeito que tenho reagido com você quando deixa suas coisas pela casa. Gostaria de fazer algumas mudanças e preciso da sua ajuda. Na verdade, esse novo plano também irá beneficiá-lo, porque irá ajudá-lo a ser mais atencioso com os outros." Juntos, desenvolveram alguns meios para que ele refrescasse a memória. Uma das ideias era fazer uma pergunta cada vez que ele passasse pela porta: "Será que deixei para trás algo que precisava fazer?"

Através da prática, a mãe ajudou o filho a fazer algumas mudanças internas. Ela explicou desta maneira: "Não estou perguntando se quer limpar. Estou pedindo para limpar, embora você não queira. Um dos sinais da maturidade é quando você faz a coisa certa, mesmo quando a vontade de fazê-la não está lá."

Às vezes, os pais dizem: "Eu gostaria de conseguir fazer com que os meus filhos fizessem as coisas que eles disseram que fariam." Mas isso é sempre razoável? Além disso, olhe para nós, adultos. Nem sempre fazemos o que é certo, apesar dos nossos desejos. O verdadeiro objetivo deveria ser que nossos filhos aprendessem a fazer aquilo que disseram que fariam, mesmo quando não quiserem fazer. Isso é a maturidade em ação. A criança que termina a tarefa escolar antes de ir brincar, limpa a sua própria bagunça ou cede a vez em uma brincadeira, por exemplo, demonstra uma força interior de vencer as tendências egoístas a fazer o contrário.

Os pais podem ajudar os filhos a desenvolverem esse caráter interior ensinando-lhes como trabalhar arduamente, assumir a responsabilidade e terminar as tarefas. Às vezes, pode ser mais fácil fazer você mesmo, porque é mais eficaz, mas o investimento em seu filho recompensará imensamente no futuro.

Crianças precisam de sabedoria

Às vezes, alguns filhos têm mais iniciativa do que o necessário. Eles se intrometem sem qualquer preocupação com as consequências. Lindsay tem oito anos e tem a tendência de falar francamente aquilo que pensa. Ela percebe que algo está errado e chama a atenção, sem nenhuma preocupação com a pessoa que está ouvindo. Aparentemente, ela acredita que está certa, então pode chamar a atenção. Infelizmente, Lindsay não sabe como reagir bem aos estímulos internos. As crianças como Lindsay precisam de sabedoria para saber como reagir da melhor forma. Deus usa o termo *sabedoria* para situações como essa. A palavra hebraica para sabedoria nos dá uma noção de sua importância. *Hokmah* literalmente significa "habilidade na vida". Essas habilidades são importantes e ensinam as crianças quando é apropriado parar, como equilibrar os relacionamentos com a verdade e o que fazer quando as decepções obscurecem a visão. As crianças aprendem a sabedoria através do ensino e da experiência. Ambos são importantes.

Educar apresenta situações práticas em que as crianças veem os desafios da vida serem contornados com respostas inteligentes. As experiências ensinam as crianças como aprender com os erros e se lembrar de coisas que deram certo. Leva anos para se desenvolver a sabedoria e esse desenvolvimento requer humildade e uma atitude receptiva ao ensino.

Se você pensa que a sabedoria é geralmente obtida através da experiência, é provável que permita aos seus filhos a liberdade de cometer erros. O compromisso dos filhos no processo de aprendizagem é estratégico para ajudá-los a desenvolver a força interna para correr riscos, à medida que ficam mais velhos. É óbvio que algumas crianças são corajosas por natureza, e a carência de sabedoria pode lhes causar todos os tipos de problemas. É importante não permitir que os filhos brinquem com o mal ou cometam um erro que possa ter uma consequência grave na vida deles.

A motivação interna nem sempre é boa. Muitas coisas acontecem dentro do coração humano. As crianças são motivadas pelos desejos e pelas emoções. O papel da consciência e do Espírito Santo é dar direção para o coração e fazê-lo caminhar no rumo certo. O objetivo não é simplesmente fazer com que as crianças façam as coisas sozinhas. O desafio de educar os filhos é treinar as crianças para serem motivadas internamente a fazer as coisas certas, e não qualquer coisa. Construir uma qualidade sadia de iniciativa está diretamente relacionado ao desenvolvimento da consciência. Treinar sobre o certo e o errado ajuda a parar os desejos inúteis. Os estímulos internos sinalizam para as crianças se elas devem ou não tomar a iniciativa. A consciência precisa de treinamento, e você terá muitas oportunidades na interação diária para entrelaçar as verdades relacionadas à consciência em sua interação com seus filhos.

Uma boa maneira de ensinar às crianças sobre os estímulos internos da consciência e sobre as iniciativas é por meio dos heróis. Na verdade os heróis são caracterizados pelos mesmos quatro estímulos que vêm da consciência de cada pessoa. Eles fazem o que é certo, lidam com o erro, são honestos e se preocupam com os outros. Já que as crianças amam os heróis, é uma maneira apropriada de ensinar-lhes mais sobre como Deus escolhe as pessoas para fazerem grandes coisas na vida.

Um herói até mesmo nas pequenas coisas

Considere a vida de Davi. Sabemos que Davi se tornou um herói quando matou Golias. Mas sua história não começou ali. De certa forma, vemos Davi sendo um herói nas pequenas coisas da vida, desde quando era uma criança. Por exemplo, ele tocava seu instrumento musical, como muitas crianças hoje em dia; então conseguiu um emprego para tocar no palácio. Ele cuidava das ovelhas, assim como as crianças atualmente cuidam dos animais de estimação em casa. E Davi era tão responsável que seu pai o despachou em uma missão de entregar queijos para o comandante na frente de batalha. Davi praticava as qualidades dos heróis antes mesmo de ser reconhecido publicamente como um.

Davi praticava as qualidades dos heróis antes mesmo de ser reconhecido publicamente como um.

As crianças podem fazer a mesma coisa quando veem o que precisa ser feito e o fazem sem serem solicitadas, pois estão tomando a iniciativa para que Deus as use, tanto agora quanto futuramente. Começa nas pequenas coisas. Você pode dizer para a sua filha: "Vá para a porta da sala e me diga três coisas que estão fora do lugar." Depois que elas as identificar, você pode dizer: "Ok, vamos ver se consegue arrumá-las." Quando ela terminar, você vai querer elogiá-la por não apenas ver as coisas que precisam ser arrumadas, mas também saber como arrumá-las. Essas são as mesmas qualidades que um herói possui.

Você pode estimular a iniciativa nos filhos nas tarefas simples, cotidianas da vida familiar. Pegue o processo de dar as instruções, por exemplo. Se a tarefa do seu filho é alimentar o cão, então você pode transferir para ele não só a responsabilidade de fazer a tarefa, mas também a de lembrar-se de fazê-la. Isso requer iniciativa. Ele pode usar várias técnicas para lembrar, assim como os adultos fazem. Pode ser um alarme, um bilhete ou uma anotação no calendário. Seria melhor se você não lhe dissesse qual sistema usar, mas, sim, pedir para ele desenvolvê-lo. Agora, você o está treinando para desenvolver sistemas para ajudá-lo a se lembrar de fazer o que é certo. Então você fica de olho para ter certeza de que o sistema está funcionando. Se o alarme disparar às oito da manhã, e ele esquecer, você pode chamar a atenção para o alarme em vez de chamar a atenção para a tarefa: "Você não ouviu o alarme tocar?" Ao chamar a atenção para o sinal em vez de chamar a atenção para a tarefa, você está trabalhando com o sistema dentro do coração. Você está estimulando a motivação interna na rotina diária da vida, quando as crianças mais precisam.

Outra maneira de estimular a iniciativa nas crianças é dar-lhes ocasionalmente as escolhas em vez de dar as instruções diretas. Você pode dizer para uma criança nova: "Prefere que eu leia este livro ou o outro?" Ou: "Gostaria de bolo ou frutas para o lanche?" Para uma criança mais velha, você pode dizer: "Quer cortar a grama antes do almoço, quando está mais fresco, ou depois do almoço, quando está mais quente?" Perceba que esses tipos de escolhas não são tão abertos que permitam aos filhos administrarem a família. Eles simplesmente guiam as crianças ao permitir que façam parte do processo da tomada de decisão.

Alguns pais bem-intencionados exageram nas escolhas e terminam permitindo às crianças muita liderança no lar.

Alguns pais bem-intencionados exageram nas escolhas e terminam permitindo às crianças muita liderança no lar. A mãe vê a si mesma fazendo diversos almoços para a família ou termina indo para um restaurante *fast-food* para agradar a criança em vez de ter uma liderança mais forte. Infelizmente, essas crianças geralmente se tornam exigentes, esperando que os outros façam o que elas querem.

Por outro lado, alguns pais exageram na obediência, e a abordagem autoritária deles ao educar os filhos oprime qualquer iniciativa que a criança possa ter. Um equilíbrio cuidadoso é adequado aqui. As escolhas limitadas geralmente dão às crianças uma noção de iniciativa porque essas escolhas forçam as crianças a tomar decisões e se apegar nelas. Se Grant prefere ovos, ele não pode mudar de ideia quando os vê e dizer que ele prefere panquecas. Quando ele escolhe basquete em vez de futebol e sente a pressão, ele não pode cair fora. Tomar decisões é uma coisa. Apegar-se a elas é outra, e isso ensina as crianças a considerarem suas opções cuidadosamente antes que a decisão seja tomada.

A saia justa dos dez dólares

Charles e Dwayne, cada um tem dez dólares para gastar nas férias. Dwayne gastou seu dinheiro na primeira oportunidade, enquanto Charles ficou menos ansioso. Dwayne ficou decepcionado quando viu mais e mais opções de coisas nas quais ele poderia ter gastado seu dinheiro. O pai e a mãe foram firmes com Dwayne, embora fosse difícil para eles quando viam algumas coisas que sabiam que Dwayne realmente queria. A lição aprendida é importante e irá ajudar Dwayne ao longo do tempo a considerar suas opções antes de tomar as decisões. Dwayne estava aprendendo a avaliar suas motivações internas. Os desejos do coração geralmente concedem impulsos para agir, limitando as escolhas futuras que se pode ter.

Permitir aos filhos tomarem a iniciativa significa que os pais devem estar dispostos a aceitar e saber como reagir aos erros. Às vezes as crianças vão se machucar, omitir informações ou magoar alguém. É importante o modo como os pais reagem. A repreensão nem sempre é necessária, porque a criança está aprendendo com a vida. Então, o pai pode reagir como um treinador, demonstrando empatia e dando aconselhamento. Quando o menino de cinco anos Jeremiah tentou andar de skate, seus pais elogiaram sua coragem de tentar algo novo. Quando ele ganhou um pouco de confiança, sua ignorância resultou em um tombo. Em vez de sair correndo histericamente para ver se ele estava bem, a mãe esperou um momento para ver o que aconteceria. O filho olhou para ela a fim de ver como reagiria. Ela simplesmente encolheu os ombros e disse: "Parece que você está indo bem. Talvez seja porque está começando. Siga em frente e tente de novo." Jeremiah parecia precisar daquela confirmação da mãe como permissão para seguir em frente e continuar a brincar.

Você pode construir um senso de confiança em uma criança ao dar-lhe oportunidades para ter sucesso que envolvem riscos. Por exemplo, você pode deixar que a criança carregue a torta para o outro cômodo, quebre os ovos para o café da manhã ou coloque o leite na xícara. As crianças irão cometer erros algumas vezes. A maneira como você reage é estratégica. Recuperar-se dos erros é uma parte importante do desenvolvimento da confiança e aumenta a disposição da criança para tomar a iniciativa.

Usando a repreensão para propiciar a sabedoria

Os pais corrigem os filhos todos os dias, e o modo como corrigem pode aumentar ou diminuir a iniciativa da criança. Por exemplo, quando os pais separam ação e pessoa, a criança aprende que ela não é má só porque fez algo errado. Ela ainda é amada, competente e capaz, mas precisa mudar seu comportamento. Por outro lado, os pais que usam a raiva para punir seus filhos reduzem a disposição da criança de correr riscos ou tentar coisas novas. Procure meios de encorajar a criança quando for corrigi-la, a fim de aumentar a eficácia do processo de disciplina.

Quando você tem de dizer "não" e estabelecer limites para os filhos, geralmente é proveitoso compartilhar os motivos por trás das regras ou das convicções que conduzem as decisões. Os pais que possuem o hábito de dizer "não" muitas vezes podem limitar a iniciativa da criança. Essas crianças tendem a esperar até serem solicitadas sobre o que podem fazer em vez de tomarem a iniciativa, e então erram quando tentam seguir adiante.

Porém, existe outra área em que os pais podem exagerar. Se a cada vez que for dito "não" for necessário dar uma explicação, as crianças tendem a discutir. Às vezes, as crianças simplesmente precisam aceitar um "não" como resposta. Mesmo nós adultos devemos aceitar de vez em quando; não é um absurdo que as crianças aceitem um "não" sem uma explicação. Entretanto, quando for possível, é útil compartilhar os valores e as informações, pois as crianças aprendem os motivos. Isso as ajuda nas futuras tomadas de decisões.

Além disso, é melhor ensinar para os filhos uma abordagem com um apelo sábio quando eles querem desafiar um "não" de uma autoridade. Um apelo sábio dá aos filhos uma ferramenta prática para tomarem uma iniciativa quando recebem um "não". Um apelo sábio possui três partes. Primeiro, comece reconhecendo a preocupação dos pais dizendo algo do tipo: "Entendo que você quer que eu... porque..." Então, expresse seu próprio desejo, dizendo: "Mas eu tenho um problema com isso porque..." Termine dando uma alternativa que, de certa maneira, ofereça uma solução para os pais e para os filhos na forma de uma nova ideia ou abra mão de alguma coisa.

Os pais são bem mais dispostos a rever uma decisão se os filhos abordam o assunto de maneira respeitosa. Além disso, os pais são mais propensos a aceitar uma nova ideia que pareça contemplar suas preocupações. Ingrid pediu um lanche e a mãe disse "não". Ingrid voltou poucos minutos depois e disse: "Mãe, entendo que não queira que eu coma um lanche porque de vez em quando eu não como meu jantar e vamos comer dentro de trinta minutos. Isso é um problema para mim porque eu não comi muito hoje na escola e eu estou com muita fome. Então, por favor, posso comer metade de uma maçã? Tenho certeza de que irei jantar."

A mãe ficou impressionada com o apelo da filha e concedeu seu pedido. O apelo sábio, aprendido em casa, pode ser usado também com outras pessoas que tenham autoridade. Os treinadores e professores estão geralmente abertos a um apelo feito com respeito. Porém, as crianças devem ser capazes de reagirem bem a um "não". Se a autoridade continua dizendo "não", é importante obedecer sem ter uma atitude ruim. O apelo sábio é somente outra maneira de ensinar a iniciativa nas crianças através da simples rotina relacional na vida familiar.

Os objetivos ajudam os filhos a pensar de maneira mais ampla sobre a vida

É proveitoso para os filhos desenvolverem objetivos. Eles se tornam alvos que motivam os filhos a tomarem iniciativas em várias áreas da vida. Pode ser um objetivo de caráter, tal como se tornar mais paciente com um irmão ou mais autocontrolado com a raiva. Pode ser um objetivo de habilidade, como aprender a andar de bicicleta ou ler o capítulo de um livro. Ou pode ser um objetivo de uma atividade, tal como memorizar fórmulas de matemática ou limpar o quarto. Quando você permite que seus filhos surjam com os objetivos, você estará se ajustando mais a um papel de treinador enquanto eles avançam rumo ao objetivo. Você pode perguntar para uma criança: "Quais são os seus objetivos para este verão?" (ou para este Natal, para as próximas férias ou até mesmo para hoje). Então, compartilhe seus objetivos pessoais como meio de ilustração.

As crianças também aprendem lições preciosas na área da iniciativa quando se voluntariam para ajudar os outros sem nada em troca. Pode ser o ministério infantil da igreja, envolver-se em algum tipo de serviço comunitário ou podar o jardim do vizinho. A criança desenvolve a confiança e vivencia a satisfação de ajudar os outros. Muitas crianças hoje em dia não pensam nos outros e se tornam bem egocêntricas em sua abordagem na vida. Ao lhes ser exigido algum tipo de serviço, as crianças aprendem a pensar além delas mesmas e a sentir os benefícios de seu trabalho.

À medida que ajuda seu filho a desenvolver a iniciativa, principalmente em resposta aos estímulos internos, você está formando a base para a responsabilidade e a maturidade. As crianças aprendem que elas têm influência na forma como as coisas se revelam na vida e que não são simplesmente vítimas da vida. Além disso, quando os filhos aprendem a reagir à consciência, acontece o verdadeiro desenvolvimento moral. As crianças aprendem a se posicionar pela justiça, desenvolvem suas próprias convicções e se recusam a se comprometer em atividades desonestas. Conforme você aumenta a consciência e os estimula a tomar atitudes, irá ajudá-los a usar a consciência para as decisões diárias da vida.

9

E as consequências?

Para as consequências funcionarem, elas devem estimular o diálogo no coração da criança que diz: "Acho que meu plano atual não está dando certo para mim."

Kelly estava irritada. "Tentei de tudo com meu filho de 12 anos. Nada parece motivar Mike. Tiramos quase tudo que ele tem. Ainda assim, ele não muda. Tiramos todos os privilégios dele. Isso não o intimida. Ele não se importa. Não sabemos mais o que fazer."

Conforme trabalhávamos com Kelly, ela percebeu que seu exagero nas recompensas externas e nos castigos tinham sido ineficientes para treinar o coração do filho. Seu filho era teimoso e isso significava que os estímulos externos não iriam funcionar como uma estratégia diária. Embora, inicialmente, parecesse produzir resultados, os efeitos das recompensas e dos castigos perdiam a força com o passar do tempo. Na verdade, ele parecia ficar resistente à abordagem da mãe.

O que Kelly e o filho precisavam era de um plano totalmente diferente, que enfatizasse a mudança do coração em vez de só enfatizar o comportamento. Kelly fazia os ajustes, e Mike também, e aconteceram melhoras incríveis. Mas Kelly estava de volta em nosso escritório dois meses mais tarde com uma pergunta muito importante: "Qual é a maneira saudável de usar as consequências com os filhos?"

Esta é uma boa pergunta, e muitos pensamentos compartilhados neste capítulo irão possibilitar melhores ideias sobre como usar a consequência dentro de uma abordagem baseada no coração, a fim de construir a motivação interna. Se o coração não está mudando, deve avaliar sua abordagem. Existem muitas maneiras boas e divinas de criar os filhos. Só porque uma técnica funcionou com outra criança, não significa que vá funcionar com os seus filhos. Executar um plano para cada criança irá considerar as necessidades específicas e os desafios, resultando em estratégias mais eficientes de educar os filhos.

Lembre-se, o objetivo de educar os filhos não é só fazer as crianças felizes. Ter como objetivo principal fazer os filhos felizes geralmente cria crianças egoístas. As crianças precisam de firmeza para se afastar de suas fraquezas. Muitas crianças estão muito confortáveis com a preguiça, as explosões emocionais de raiva ou o desrespeito. Elas precisam de pais amorosos que estejam dispostos a estabelecer limites firmes para ajudá-las a seguir em direção ao objetivo.

A firmeza ajuda a desenhar uma linha dentro do coração da criança que define o que é certo e o que é errado.

A firmeza ajuda a desenhar uma linha dentro do coração da criança que define o que é certo e o que é errado. A consciência precisa de treinamento, e a firmeza esclarece a base da qual a consciência extrai as informações.

O objetivo da disciplina é a mudança do coração, e é importante perceber que as consequências nem sempre são necessárias para que a mudança do coração ocorra. Além disso, escolher a melhor consequência para uma situação em particular pode ser desafiador. Muitos pais têm tendência a estreitar o repertório das consequências para um número bem pequeno ou têm uma preferida, que usam constantemente. Tirar um privilégio, mandá-la para a cama cedo ou colocar a criança de castigo são algumas estratégias preferidas dos pais. Infelizmente, alguns pais até mesmo usam a raiva como consequência principal, castigando uma criança com grosseria e indiferença.

É como o homem que faz qualquer serviço com apenas uma ferramenta. Toda vez que alguma coisa quebra, ele tem apenas uma ferramenta, um martelo. Se o cano está pingando, ele bate com um martelo; se o ar-condicionado não funciona, ele bate com um martelo; se a janela está quebrada, ele tenta consertá-la com um martelo. É lógico que isso é um absurdo; mesmo assim, muitos pais usam esse tipo de abordagem para educar os filhos. Eles possuem uma ferramenta, qualquer que seja a preferida, e é essa que eles têm tendência a usar em toda situação de disciplina. Além disso, quando a única ferramenta que você possui é um martelo, todos os problemas se parecem com um prego. As crianças são mais complexas do que isso. Os seus problemas exigem uma estratégia para que o crescimento consistente ocorra.

Se as mães e os pais irão moldar os corações dos filhos, eles precisam fazer algum planejamento e escolher as ferramentas certas. Os pais precisam de um kit de consequências para ajudá-los a lidar com os vários desafios que enfrentam com as crianças. Mas as consequências são apenas uma parte do treinamento da "disciplina". Então, antes de entrarmos nos pormenores sobre as ferramentas individuais, tenha estes fatos em mente.

Primeiro, as consequências são parte de um plano maior. Disciplinar significa ensinar. As crianças estão em um processo de crescimento dado por Deus. As consequências são só uma parte de um bom plano de ensino.

Segundo, o objetivo da correção não é a justiça, mas o treinamento. Alguns pais possuem a "mentalidade de tabela" quando se trata de disciplina. "Você fez isso, então merece aquilo." Esse tipo de abordagem raramente toca o coração de uma criança.

Terceiro, a disciplina exige paciência e firmeza ao longo do tempo. As crianças raramente mudam com rapidez. Muitas questões exigem que você desenvolva um plano e trabalhe nele com seus filhos por um bom tempo antes de eles desenvolverem o caráter necessário para continuarem por si mesmos.

Quarto, as consequências ajudam a esclarecer para as crianças a linha entre o certo e o errado. Essa linha, desenhada repetidamente no coração da criança, esclarece as mensagens que a consciência fornece. As consequências bem trabalhadas contribuem para o desenvolvimento da consciência.

E, por último, quando você pensa nas consequências, tem que pensar nas estratégias. Planeje as consequências para um impacto máximo. Não as execute de maneira impulsiva. Não caia na armadilha da disciplina reativa.

As consequências são uma ferramenta para motivar a mudança. Elas podem frustrar o plano atual da criança e motivá-las a reagirem de forma diferente.

Um kit de consequências

Vamos dar uma olhada nos vários tipos de consequências e avaliar como usá-las de maneira que contribua para o desenvolvimento da motivação interna.

As *consequências naturais* são os resultados normais das escolhas que seus filhos fazem. Elas permitem que as crianças recebam a correção da vida. Embora seja geralmente mais fácil aprender com o ensino ou com os conselhos, algumas crianças parecem precisar aprender com a experiência. Com as consequências naturais, você não tem que ser o homem malvado porque está aplicando a consequência; a vida está. Como resultado, as consequências naturais são suas amigas se você souber como reagir quando elas acontecerem.

As consequências naturais são suas amigas se souber como reagir quando elas acontecerem.

Quando Karen brinca agressivamente com o gato, por exemplo, ela fica toda arranhada. Bill deixa suas chuteiras do lado de fora da varanda e elas se molham na chuva. Rick esquece de levar o casaco para o parque e fica com frio. Jill é novata no skate e cai e arranha o cotovelo. Jimmy não almoça e então fica com fome.

Os pais fazem uma escolha importante quando veem as consequências naturais acontecendo com seus filhos. Eles ou se alinham com a criança, ou se alinham com as consequências. Se ficar do lado da consequência, então você diz coisas do tipo: "Eu disse que isso ia acontecer." Ou: "Viu só? Se você tivesse me escutado..."

A chave para obter o máximo das consequências naturais é se alinhar com seu filho ao expressar empatia. "Ai! Aposto que isso machuca. Venha cá e deixe-me ver." A empatia genuína o coloca do lado do filho como um conselheiro ou um treinador. Tenha cuidado de não começar um discurso quando as consequências naturais atingirem o lar. Às vezes, você pode fazer um comentário para ajudar a criança a associar a consequência a uma lição da vida, mas tome cuidado para que isso não pareça ser um documentário. Se parecer, é possível que você perca o benefício e a criança pode resistir em receber a lição.

As crianças geralmente desenvolvem a motivação interna quando a vida demonstra o que funciona e o que não funciona. Alguns pais ficam muito frustrados com os filhos que não ouvem as instruções ou os conselhos; então, eles jogam a toalha e dizem: "Eu desisto. Ele simplesmente terá que aprender do jeito mais difícil." Às vezes, permitir as consequências naturais traz um impacto importante. Entretanto, algumas crianças também não reagem a elas, então serão necessárias outras ferramentas.

Kelly tinha uma importante decisão a tomar. Mike deixou sua tarefa em casa e a mãe encontrou o papel em cima da mesa justamente quando ela estava prestes a sair pela porta. Ela se perguntou: "Será que devo deixá-lo aprender através da experiência ou será que devo ajudá-lo?" Kelly tinha aprendido a avaliar esses tipos de situações, reconhecendo que a resposta dependia de vários fatores. O que Mike precisa aprender? Por um lado, se ela quiser ensiná-lo a não ser negligente a respeito de entregar a tarefa, ela pode tirar vantagem da tarefa esquecida para permitir que a consequência seja um aviso doloroso. Por outro lado, a família é um lugar onde cuidamos um do outro e ajudamos um ao outro. Cada membro necessitado pode confiar nos outros para fazer o que tem que ser feito. Se esse é o princípio que ela quer enfatizar, então ela deve levar a tarefa esquecida para a escola com um sorriso.

Jesus usou as consequências naturais com Pedro em Mateus 14. Quando Pedro quis andar sobre as águas, Jesus simplesmente disse: "Venha" e permitiu que Pedro aprendesse com a experiência a importância de manter os olhos fixos no Salvador. Além disso, em Lucas 22, quando Pedro negou a Cristo, Jesus não deu um sermão ou disse que ele não tinha mais chances. Apenas olhar para os olhos do mestre fez Pedro sair e chorar amargamente. Por quê? Porque a consequência natural de mentir é o prejuízo dos relacionamentos.

Embora as consequências naturais possam ser grandes mestres, elas devem ser abandonadas quando as pessoas ou propriedades estão em perigo ou quando elas demoram para ser eficientes. Nesses casos, você pode usar as *consequências lógicas* em vez de comunicar uma mensagem similar acerca da vida.

Rick, de cinco anos, e Tom, de oito, estão cavando buracos no jardim com uma pá, estragando o gramado. O pai aparece e os faz parar de cavar e, como consequência, exige que eles varram as folhas e as coloquem em pilhas. É uma consequência lógica porque destruir o jardim foi substituído pela tarefa de consertá-lo.

Mindy, de 14 anos, deixou seu casaco preferido de novo na academia. A mãe devolveu o casaco, mas disse para Mindy que ela não pode vesti-lo por uma semana, em vez disso, ela deve usar o casaco velho. É uma consequência lógica porque mesmo que ela não tenha realmente perdido o casaco, significa que ela não o vestiria de novo.

Tony, de nove anos, roubou um pacote de doces de uma loja. A mãe levou Tony de volta para a loja para pedir perdão. É uma consequência lógica, pois as pessoas que roubam geralmente são descobertas e precisam enfrentar a situação com humildade. A mãe estava simplesmente acelerando o processo.

Monte, de quatro anos, constantemente bate a porta quando está bravo. O pai decide que ele vai retirar a porta do quarto de Monte por um período. É uma consequência lógica, já que bater a porta constantemente significa que você iria perdê-la porque ela quebraria.

Em cada um desses casos, o objetivo da consequência lógica é ensinar uma lição de vida na esperança de que as crianças desenvolvam um desejo interior para ajustar o modo como vivem. O sucesso da consequência lógica depende em parte da habilidade dos pais de demonstrar empatia com a criança. "Oh, sinto muito por você ter feito isso; agora, você vai ter que ser disciplinado."

Em João 13:4-10, Jesus se levantou para lavar os pés dos discípulos. Pedro não queria participar, dizendo não para Jesus. Jesus respondeu com uma consequência lógica que dizia: "Se eu não os lavar, você não terá parte comigo." Pedro, percebendo o significado daquele gesto, mudou de ideia e pediu para Jesus que lavasse o seu corpo todo. Pedro entendeu o recado e mudou o coração. Jesus usou a advertência como uma consequência lógica para ensinar a Pedro uma importante lição.

Outra ferramenta é a *perda do privilégio*. Às vezes, as crianças devem perder um pouco do privilégio que têm a fim de que reconheçam a importância da mudança. Por exemplo, Kari, de 16 anos, fala ao telefone por longos períodos de tempo, sendo indiferente às advertências dos pais; então a mãe tirou o telefone dela. Kari não tem mais livre acesso ao telefone, pois deve pedir permissão da mãe para usá-lo.

Wendy, sete anos, é desrespeitosa com a mãe, então, certo dia, a mãe disse para Wendy que ela não poderia ir para a casa da amiga brincar. Tim, de dez anos, procrastina ao fazer a tarefa escolar, então o pai disse-lhe que ele não poderia assistir ao jogo na televisão até que ele terminasse sua tarefa.

Alguns pais têm dificuldade de tirar os privilégios porque querem que os seus filhos desfrutem as coisas que geralmente são associadas a uma idade ou estágio particular da vida. Mas, quando os filhos ainda não são maduros o suficiente para lidar com esses privilégios e os pais os concedem de qualquer modo, os filhos afundam-se em irresponsabilidade.

Aprender a dirigir, ter um celular e brincar no computador são privilégios que exigem um certo nível de maturidade, não só em uma idade específica. Os pais precisam avaliar se a criança é realmente madura para lidar com essas coisas, e não confiar simplesmente no que as outras crianças da mesma idade estão fazendo. A criança que ainda não possui o caráter precisa de menos privilégios, pois o privilégio e a responsabilidade caminham juntos.

Jesus ensinou a seus discípulos acerca da responsabilidade em Mateus 25:14-29 ao contar a parábola do senhor que deixou os talentos nas mãos dos servos enquanto ele foi viajar. Quando voltou para verificar o trabalho dos servos, ele descobriu que dois homens foram responsáveis e que um foi irresponsável. Para os servos fiéis ele disse: "Muito bem, servo bom e fiel! Você foi fiel no pouco; eu o porei sobre o muito."

Para o servo preguiçoso ele disse: "A quem tem, mais será dado, e terá em grande quantidade. Mas a quem não tem, até o que tem lhe será tirado." Esse é o mesmo princípio que os pais ensinam aos filhos quando retiram ou concedem privilégios. A responsabilidade é um pré-requisito para os privilégios que as crianças querem desfrutar.

A chave para construir a motivação interna com essa forma de consequência é fazer com que os filhos ganhem de volta os privilégios.

A chave para construir a motivação interna com essa forma de consequência é fazer com que os filhos ganhem de volta os privilégios. Os pais geralmente cometem o erro de retirar um privilégio por determinado período de tempo, dizendo algo do tipo:

"Você vai perder o seu videogame por uma semana." Essa é uma estratégia comum na mudança de comportamento, mas geralmente não tem impacto sobre o coração da criança. Eis aqui o motivo. Ao retirar o privilégio por um período de tempo estabelecido, você remove um ingrediente importante da disciplina: a esperança. Kelly percebeu que Mike simplesmente iria desistir e dizer: "Por que eu devo mudar? Não há nada que eu possa fazer para conseguir meu videogame de volta. Eu simplesmente preciso esperar por uma semana."

Kelly percebeu que ela podia usar a perda do privilégio para construir uma motivação interna, evitando o tempo limite e exigindo que Mike ganhasse o privilégio de volta. "Eu devolverei seu videogame quando me mostrar que você pode ter uma atitude positiva quando lhe dou uma instrução. Estarei pronta para cumprir o que disse quando você estiver pronto." Agora Mike estava motivado para melhorar um comportamento e Kelly estava contribuindo para a mudança do coração de seu filho.

Permitir que os filhos retomem os privilégios dá-lhes esperança e aumenta o número de vezes que você pode usar a consequência da privação de privilégios para ensinar e corrigir. Quando faz isso, você está usando essa consequência para construir boms costumes. Às vezes, os pais acham que uma grande consequência irá aumentar o aprendizado, mas muitas vezes é um pequeno dar e receber de privilégios que ajuda a mudar as crianças.

Devido a algumas crianças perderem o autocontrole necessário para serem bem-sucedidas na vida, elas precisam de *mais controle dos pais*, outra ferramenta do kit de consequências. Por exemplo, Pete, de cinco anos, está encostando nas coisas do museu, então o pai exige que Pete segure suas mãos por um momento. Al, de oito anos, não consegue praticar piano por mais do que cinco minutos sem distração. Então, a mãe se senta com Al por trinta minutos toda tarde durante suas sessões de piano.

Os pais geralmente não gostam da consequência de mais controle porque isso exige mais tempo e energia da parte deles. É claro, seria mais fácil simplesmente cruzar os braços e ver os filhos crescerem, mas a realidade é que eles geralmente precisam de supervisão e instrução de perto.

É difícil haver mais controle dos pais quando os filhos se tornam adolescentes. Justamente quando pensa que pode ter um pouco menos de envolvimento e um pouquinho mais de tempo livre, você é chamado novamante para se envolver mais. Martha, de 13 anos, está fracassando na escola porque não está fazendo a tarefa de casa. A mãe então se envolve mais, exigindo que a filha mostre as tarefas toda tarde. A mãe confere o trabalho de Martha e aumenta a comunicação direta com a professora.

Alguns pais cometem o erro de usar as consequências naturais quando os filhos estão fracassando. Eles dizem: "Bem. Deixe que ele fracasse. Talvez assim ele aprenda." Infelizmente, somente as crianças excepcionalmente motivadas são capazes de quebrar o ciclo e começar a ter êxito após um fracasso. A maioria das crianças nessas situações precisa de mais controle dos pais, para, então, verem que podem ser bem-sucedidas; senão, elas desenvolvem uma identidade de fracassadas.

> Alguns pais cometem o erro de usar as consequências naturais quando os filhos estão fracassando.

Se você quer que seus filhos sejam bem-sucedidos, às vezes deverá ficar mais envolvido nas vidas deles, e não menos envolvido. É difícil, consome tempo e exige muita energia, mas essa é, geralmente, a consequência de que os filhos precisam para voltar para o caminho certo. Usar a consequência de exercer mais controle significa que os filhos devem relatar frequentemente o que acontece, e os pais devem monitorar de perto, sendo mais responsáveis. Os pais até se envolvem na execução da tarefa de vez em quando. Com mais controle dos pais, os filhos aprendem que podem fazer o trabalho e que possuem o que é preciso para vencer.

Por outro lado, alguns pais exageram no controle. Por exemplo, quando uma criança perde muito tempo na refeição, uma consequência natural pode ser mais eficiente; por exemplo, simplesmente dizer para a criança: "Terminamos o almoço dentro de cinco minutos. Coma o que quiser, porque a próxima refeição é o jantar." Dar muita ênfase em mais controle pode enfraquecer o relacionamento e, às vezes, reduzir a motivação interna. Dar muita ênfase nas consequências naturais pode resultar em filhos desestimulados ou que simplesmente param de tentar. Um equilíbrio cuidadoso entre os dois é importante.

Um estudo bíblico interessante sobre mais controle dos pais leva-nos à obra que Deus fez na vida dos israelitas quando eles deixaram o Egito. Ele os conduziu com uma nuvem de dia e uma coluna de fogo à noite. Ele os alimentou com o maná e deu-lhes diretrizes restritas sobre como deveriam viver. Eles precisavam de tempo para aprender como administrar a nova liberdade deles.

Quando chegaram na terra prometida, provaram que ainda não estavam prontos para confiar em Deus e enfrentar os gigantes na terra. Então, Deus permitiu que eles andassem no deserto com mais controle divino durante quarenta anos. Quando finalmente retornaram para o rio Jordão, estavam prontos para confiar em Deus. Eles haviam aprendido o que precisavam aprender. Então, após entrarem na nova terra, Deus parou de enviar o maná e, com o passar do tempo, usou os profetas para guiá-los. Deus reduziu o controle à medida que a fé deles foi crescendo.

Os adolescentes anseiam por liberdade e independência, mas os perigos e os riscos multiplicam-se de forma exponencial nesse estágio da vida. Geralmente, os adolescentes precisam de monitoramento de perto e de maiores responsabilidades do que precisavam poucos anos antes. Mais controle dos pais significa ir atrás dos adolescentes e ficar envolvido rigorosamente na vida deles. Isso pode ser difícil, dados os muitos compromissos e desafios que os pais enfrentam.

Mais controle dos pais é como uma forma de gelatina para as crianças. Enquanto o caráter delas é fraco, os pais cuidam das estruturas da vida. À medida que os filhos crescem mais em seu autocontrole, os pais são capazes de remover o próprio controle, deixando os filhos se sustentarem sozinhos. Alguns pais cometem o erro de permitir aos adolescentes muito mais controle sobre a vida deles do que é proveitoso. Nesse estágio, mais controle dos pais é geralmente necessário para manter os filhos no caminho certo, à medida que a vida fica mais complicada. Mais controle dos pais é uma consequência útil quando os filhos precisam de ajuda para ser bem-sucedidos. Geralmente, é a consequência necessária quando uma criança está agindo inadequadamente na escola ou está tendo dificuldades para administrar o dinheiro. À medida que as crianças melhoram, os pais podem remover devagar o controle, permitindo à criança o autocontrole para gradualmente assumir a responsabilidade.

Uma consequência que geralmente ainda é ignorada e é muito poderosa para construir comportamentos saudáveis tem a ver com *praticar o que é certo*. Algumas crianças precisam praticar constantemente. Inclusive, a consequência para um comportamento negativo pode ser praticar o que é certo por um período de tempo.

Richie, de sete anos, é malvado com sua irmã mais nova. Parece que ele gosta de ser malvado, e nenhuma consequência parece surtir efeito. A mãe decidiu fazer com que Richie pense e faça duas ações generosas para a irmã dele. A mãe repete essa consequência várias vezes ao dia.

Kim, de quatro anos, foge da mãe no supermercado. Como consequência, a mãe pratica a regra "venha quando é chamada" várias vezes por uma hora ao longo do dia.

Bert, de 14 anos, tem uma atitude ruim quando recebe uma instrução. O pai diz a Bert que ele tem cinco tarefas para a faxina do domingo de manhã e Bert tem que fazer pelo menos duas; mas pode ter que fazer até cinco, a depender de sua reação às instruções.

Muitas crianças que têm uma atitude ruim ou que são resistentes à instrução ou repreensão precisam aprender como trabalhar de maneira mais árdua. Quando as crianças aprendem a trabalhar de maneira árdua, elas desenvolvem a perseverança, a confiança e a capacidade de assumirem uma tarefa com determinação para serem bem-sucedidas. Se seus filhos parecem ter dificuldade com o nível de trabalho, talvez seja a hora de aumentar a pressão. Por fim, isso poderia ter um efeito muito positivo.

Romanos 5:3-4 diz: "A tribulação produz perseverança; a perseverança, um caráter aprovado; e o caráter aprovado, esperança." Muitas crianças não têm esperança. Elas se tornam facilmente desencorajadas e desistem. A solução é desenvolver o caráter, e ele geralmente vem da perseverança, que por sua vez vem do sofrimento. Aumentar a carga de trabalho do seu filho pode ser aquele "sofrimento" de que ele precisa para desenvolver a força que o sustentará nos desafios da vida.

Romanos 5:3-4 diz: "A tribulação produz perseverança; a perseverança, um caráter aprovado; e o caráter aprovado, esperança."

Construir a motivação interna exige treinamento. Exige que você pense de modo geral sobre as consequências para que sua mentalidade inclua mais do que simplesmente meios negativos para mudar o comportamento. Esses impedimentos são proveitosos ao motivar a mudança nos filhos, mas muitas crianças precisam de uma prática constante de fazer o que é certo.

Formando o seu plano

As consequências geralmente são uma forma de chamar a atenção do seu filho e oferecer a ele uma motivação externa para a mudança. Elas são um "sinal de alerta" que diz: "Você não pode continuar vivendo assim." Algumas crianças agarram-se com teimosia aos princípios operantes imperfeitos em seus corações. Elas continuam a reagir com raiva, decepção, más atitudes ou resistência. As consequências se enfraquecem em corações duros, colidindo com a mentalidade tola e com doses de realidade. O objetivo de uma consequência externa é construir motivação interna para mudar.

A palavra-chave para levar em consideração quando estiver pesando as consequências é *estratégia*. As pessoas mudam por duas razões. Ou a vida se torna desconfortável ou eles ganham a visão de algo melhor. Os pais podem trabalhar de maneira árdua para construir a visão em seus filhos, mas é geralmente a realidade desconfortável das consequências que inicia o processo da mudança do coração. As consequências geram crises de todos os tipos no coração de uma criança.

Assim como fez com Jonas e Paulo, Deus usa os acontecimentos que mudam nossa vida para ajustar no que cremos e como agimos. As pequenas consequências da disciplina do dia a dia produzem progressos significativos ao longo do tempo. Você pode achar que não está acontecendo a mudança que gostaria de ver, mas persevere. Qualquer um que trabalhou em um jardim sabe do trabalho enorme que é necessário antes que apareçam os frutos. A paciência e o trabalho árduo compensam com o passar do tempo, enquanto fazemos o amoroso trabalho de educar os filhos.

10

Colocando a consciência para trabalhar fora de casa

A consciência estimula a ação, mas as crianças precisam de treinamento para ajudá-las a saber como reagir em situações desafiadoras.

As crianças enfrentam questões de consciência todos os dias. As amigas de Nancy não irão permitir que Amy almoce na mesa com elas. Nancy vive um problema interior. Ela quer incluir Amy, mas não quer se opor às amigas, temendo que ela também seja barrada pelo grupo.

Charlie chuta a bola e ela passa por cima da cerca da escola. Ele consegue ver a bola e quase a alcança, mas parece que o único jeito de pegá-la é pulando a cerca. Ninguém jamais lhe disse para não pular a cerca, mas algo lhe diz parece não ser correto. Sua consciência entra em cena enquanto ele considera as opções.

Romy sente-se desconfortável porque a regra é voltar para casa ao escurecer, mas ele e os amigos acabaram de construir a rampa de skate e ainda não terminaram de limpá-la. O que ele escolhe fazer nessa situação é importante e a consciência irá desempenhar seu papel na tomada de decisão.

Preparando as crianças para viverem de maneira responsável quando elas não estão com os pais

Quando os filhos estão com os pais, estes geralmente os conduzem a fazer a melhor escolha, mas, quando estão fora de casa, os pais devem confiar nos treinamentos que os filhos receberam para enfrentar os desafios da vida. "Como outro *brownie* ou o deixo para outra pessoa?" "Tento influenciar a situação em direção ao que parece ser a escolha certa ou tento adaptar agora e ver se isso dá certo?" Essas escolhas não são fáceis e exigem que os filhos não só tenham regras para guiar a mentalidade, mas também que tenham a capacidade de pensar muito bem nas opções e ponderar os vários fatores.

As crianças sempre encontram desafios que se opõem a várias partes da consciência, uma contra a outra. Violar uma regra para ajudar alguém é um desafio para qualquer pessoa. Nos negócios, também é chamado de violação de conduta se a regra violada tem implicações morais, ou um bom serviço ao cliente quando aquela regra parece não se aplicar na situação. As crianças precisam de ajuda para entender a diferença.

As crianças sempre encontram desafios que se opõem a várias partes da consciência, uma contra a outra.

Você treinará um pouco a consciência para capacitar as crianças para abordar os desafios da vida fora de casa. Isso significa supri-los com valores claros, convicções e regras familiares, e, então, dar-lhes a chance de testá-las em situações reais. Elas irão aprender a pensar de maneira independente e ter oportunidades de errar e receber um retorno honesto, porém misericordioso. Conforme aprendem com as vitórias e os erros, as crianças desenvolvem uma confiança para lidarem com todos os tipos de situações na vida.

Você pode começar dizendo para seus filhos em casa sobre as situações em potencial e ajudá-los a avaliar as opções. Por exemplo, pode perguntar para o seu filho de seis anos: "Se você está em frente à casa do seu amigo e o seu amigo faz tal coisa, o que você deve fazer?" Então, apresente vários enredos diferentes. Por exemplo, poderia dizer que o amigo:

- Arrota sem pedir desculpas.
- Pega uma das suas peças de Lego para construir o projeto dele.
- Bate em você porque pegou de volta sua peça de Lego.
- Mente e diz para a mãe que ele pegou primeiro a peça de Lego.
- Diz para você que ele roubou o conjunto de Lego da loja.

Para cada enredo, pergunte ao filho: "O que você faria: ignoraria, confrontaria ou contaria para a mãe?" A discussão a seguir é útil devido aos motivos por trás da decisão, não por causa da decisão em si.

Ou você pode perguntar para um adolescente algo semelhante, dizendo: "Quando alguém está fazendo o que é errado na escola, como sabe quando deve ignorar, confrontar a pessoa ou contar para as autoridades? Cite alguns exemplos."

São esses tipos de perguntas que deixam as crianças pensando em casa antes de elas se verem em situações reais. Crianças de todas as idades precisam aprender como equilibrar as regras, os valores e as convicções que os pais lhes ensinaram. Geralmente são as experiências da vida que transportam as regras externas ao coração para se transformarem em convicções. Os pais ensinam os valores de honestidade, compaixão, justiça e respeito aos outros, mas saber o que fazer quando essas convicções são violadas na vida exige discernimento e sabedoria. As crianças precisam aprender como praticar aquilo em que acreditam. Pegue o tópico da justiça, por exemplo. Algumas crianças possuem uma alta consideração pela justiça, e, quando alguém cruza essa linha, elas rapidamente ficam chateadas. Isso pode ser uma qualidade preciosa de vez em quando, mas, em outros momentos, pode ser um prejuízo. Por exemplo, quando um amigo trata outro amigo injustamente, como você reage? E se for você o amigo sendo maltratado? E se sentir que a professora o está tratando mal? Cada uma dessas situações envolve uma sensação desconfortável na consciência que precisa de uma reação, mas os outros valores, tais como a generosidade e o respeito à autoridade também devem ser levados em consideração.

A fé e a consciência

A fé desempenha um importante papel na formação da consciência e da capacidade de reagir com a motivação interna aos desafios da vida. Ter a coragem de lutar pelo que é certo ou tomar a iniciativa de ajudar um amigo ferido, ou ter o autocontrole para evitar a vingança quando é ofendido, todas são oportunidades de praticar a fé pessoal. É por isso que é tão importante ler a Palavra de Deus com seus filhos, compartilhar as verdades bíblicas e ensinar às crianças sobre os personagens bíblicos que enfrentaram desafios. Esse ensino forma o fundamento de como as crianças decidirão por elas mesmas o que irão fazer quando enfrentarem várias situações.

Conversar com as crianças sobre as experiências delas sempre produz oportunidades para o diálogo sobre tomadas de decisão e sobre convicções. Mas tome cuidado para não controlar muito o rumo da conversa e entrar no "modo sermão". As crianças também se beneficiam com as perguntas. Porém, às vezes, um pouco de sermão é tudo de que uma criança precisa — e até quer. Um menino adolescente, refletindo sobre as palavras da mãe, disse: "Você costuma me dizer toda hora para pensar como eu me sentiria se alguém fizesse o mesmo comigo. Isso me ajudou à medida que me relacionava com os outros e é agora um fator importante em minhas escolhas."

O objetivo é ajudar as crianças a entenderem a verdade, e, às vezes, uma abordagem menos direta funciona melhor. Uma pergunta pode ajudar a criança a chegar sozinha a uma conclusão, fazendo aquela verdade ser mais relevante e concreta. Simplesmente dar à criança a resposta para um problema pode não ser tão poderoso quanto ajudá-las a chegar a uma conclusão através de um diálogo direcionado.

Quando os filhos resistem

Algumas crianças resistem ao treinamento da consciência. Às vezes, é porque o desejo de ter o que querem é tão forte que os fatores morais parecem não ter importância para elas. Outras crianças têm uma personalidade emocional intensa, dificultando a execução das decisões lógicas em situações difíceis. Quando os desejos e as emoções se tornam muito dominantes na vida de uma criança, é necessário um pouco de trabalho para aumentar o papel dos valores e das convicções na tomada de decisões. Quando as crianças têm tendência a ser egocêntricas em vez de se preocupar com os outros, é mais difícil para elas tomar uma decisão sobre o que é certo.

Além disso, algumas crianças parecem ter a inclinação para fazer o que é errado. É preocupante para os pais ver um filho tomar atalhos e violar as regras da família para alcançar um objetivo ou conseguir algo que quer. Essas crianças precisam de mais responsabilidade e mais liderança externa na vida delas. Dar muita liberdade para uma criança com um desenvolvimento moral ineficiente não é útil. Essa liberdade apenas serve para conceder mais oportunidade de praticar o que é errado. Essa criança precisa de mais trabalho significativo para reciclar a motivação interna.

A criança que possui um caráter moral fraco precisa de mais vigilância. Os pais devem exercitar a precaução ao ceder a pedidos que colocam os filhos em situações em que a supervisão é baixa. Geralmente, é melhor procurar oportunidades de trazer os amigos para sua casa ou atividades em que você possa se envolver, então pode direcionar e monitorar as coisas. Quando a criança vai para algum outro lugar, é sempre útil que os pais confiram com as autoridades de lá. Conversar com os professores na escola sobre a necessidade de estabelecer limites para seu filho ou ter certeza de que os pais do amigo do seu filho estão em casa e cientes de que seu filho irá até a casa deles é importante.

Os alertas vermelhos devem acender quando as crianças pedem para passear após escurecer, querem ir a uma festa ou dormir fora de casa. É incrível como as crianças podem rapidamente entrar em encrencas quando possuem uma inclinação para fazer o que é errado e não há um adulto de plantão. As crianças podem descobrir facilmente o mal hoje em dia e, se estão procurando por problemas, elas os encontrarão. Essas crianças precisam muito de supervisão e limites para atravessar a infância sem causar prejuízos significativos para elas mesmas e para os outros.

A importância dos limites

Reforçar os limites é um meio positivo de contribuir para o desenvolvimento da consciência. Até mesmo uma criança que tem tendência a forçar a barra ou ir além dos limites para encontrar satisfação ou prazer aprende exatamente onde estão os limites com uma abordagem firme. Com o passar do tempo, com muita oração e perseverança, essas crianças aprendem que existe uma linha entre o certo e o errado e que ultrapassar essa linha constantemente produz consequências e desgasta a alma. Algumas crianças levam mais tempo do que outras para escolher as respostas certas simplesmente porque é a coisa certa a fazer; então, é importante perseverar e seguir em frente.

Quando os pais ressaltam constantemente a necessidade de escolher bons amigos e fazer escolhas certas e permitem aos filhos viver as consequências das decisões inadequadas, os filhos aprendem. É bem melhor aprender com a experiência de outra pessoa ou com um bom ensino, mas parece que algumas crianças precisam aprender sozinhas, tentando coisas que não dão certo. A sua tarefa como pai ou mãe é fazer da experiência autodirecionada tão real e clara quanto possível. É importante que algumas crianças vivam as consequências dolorosas para captarem a mensagem de que fazer a coisa errada não vale a pena.

Quando a polícia apareceu na casa de Sharon, ela ficou assustada. Aparentemente, seu filho, Terrance, e o seu amigo Jules destruíram a cerca do vizinho atirando pedras no alvo que eles tinham feito nela.

Sharon teve que fazer uma escolha importante. Porque seu filho tinha tendência a ser travesso, ela decidiu permitir que o policial falasse diretamente com ele. Então, ela foi com o filho para se desculpar com o vizinho e concordaram em consertar a cerca. Sharon relatou que Terrance aprendeu algo importante nessa experiência.

Curiosamente, o pai de Jules teve uma reação totalmente diferente. Ele pediu desculpas pelo comportamento do filho ao policial dizendo: "Crianças são assim mesmo" e gritou com o filho para envergonhá-lo na frente dos vizinhos. Qual garoto você acha que mais lucrou com essa experiência? A forma com que os pais reagem aos desafios da vida pode significar toda a diferença entre o crescimento da criança no desenvolvimento da consciência e o enfraquecimento dela.

A maioria das crianças passa por uma importante mudança em seu desenvolvimento no que diz respeito a fazer o que é certo para evitar uma consequência ou fazer porque é a coisa certa a fazer. Evitar alguma coisa só por causa das consequências é uma forma fraca de motivação moral. Ela é externa. O melhor tipo de motivação ocorre por dentro, quando uma criança faz o que é certo porque ela tem o caráter interno de continuar fiel aos valores. Procure meios de confirmar a motivação interna enquanto implementa as consequências conforme forem necessárias.

A complexidade de viver uma vida moral no mundo atual

As crianças enfrentam muitos desafios quando estão na escola, na vizinhança e no tempo que estão na casa de um amigo. Em cada situação, as pessoas ao seu redor representam maneiras diferentes de viver. Os professores, os amigos e os outros líderes geralmente fazem e dizem coisas que são contrárias ao que você crê que sejam corretas e verdadeiras. Por isso é tão importante ensinar aos seus filhos porque você faz o que faz. Os filhos precisam saber e entender a verdade sobre a vida cristã. Uma cosmovisão bíblica ajuda os filhos a integrarem a fé deles na vida e enfrentarem os desafios que eles vivenciam todos os dias. Boa parte desses desafios são ataques sutis à fé pessoal delas.

Uma mãe decidiu que queria que seus filhos frequentassem uma escola pública, de modo que ela poderia ajudá-los a enfrentar a cosmovisão antagônica que eles podiam encontrar. Ela disse: "Eu quero ajudar meus filhos a terem uma educação cristã ao frequentar uma escola pública." A mãe constantemente capacita os seus filhos a se posicionarem em favor da justiça e a compartilharem a fé e ela os ajuda a processar as situações nas quais eles mesmos se encontram. Ela também ensina aos filhos como aceitar as diferenças naquilo que os outros acreditam sem permitir que essas diferenças se adaptem à mentalidade deles.

O versículo bíblico que se tornou um lema no lar dela é Romanos 12:2: "Não se amoldem ao padrão deste mundo, mas transformem-se pela renovação da sua mente, para que sejam capazes de experimentar e comprovar a boa, agradável e perfeita vontade de Deus." À medida que cada situação nova surgia, os filhos aprendiam a "testar" a reação deles e ver se isso agradava a Deus e correspondia à vontade dele.

> Os pais se tornam os guias turísticos na caminhada da vida, ajudando os filhos a processar o que eles estão vivendo e vendo.

Cada família é diferente, e quando proteger seu filho para cultivar sua fé ou quando o ajudar a crescer sob pressão é uma decisão que requer sabedoria e oração. Os pais se tornam os guias turísticos na caminhada da vida dos filhos, ajudando-os a processar o que eles estão vivendo e vendo. Todas as crianças são expostas a outras pessoas que não compartilham os mesmos valores e as mesmas convicções. O seu trabalho de preparar seu filho e então processar a experiência dele ajuda a fortalecer futuramente a consciência da criança.

Quando as crianças reconhecem o valor da consciência na vida delas, são mais capazes de reagir aos seus estímulos. Às vezes, ela age como um mecanismo de alerta, fornecendo indicadores de problemas futuros. Em outros momentos, ela estimula uma pessoa a agir, ser responsável ou cuidar de outra pessoa. A luz de alerta pisca quando a desonestidade está presente. Quando as crianças aprendem a perceber os sinais da consciência, elas se tornam mais responsáveis e mais competentes na vida.

Ensinando sobre a consciência

Uma das maneiras de ajudar as crianças a fazerem o que é certo é conversar sobre as motivações internas que elas sentem. Um pai falou desta maneira: "Eu digo para os meus filhos que, quando eles se sentem desconfortáveis com alguma coisa, é importante perguntar o porquê. Geralmente, quando você se sente desconfortável, é porque algo importante está acontecendo dentro do seu coração. Se Deus está falando com você ou se sua consciência está fazendo você se sentir desconfortável, tente descobrir a melhor forma de reagir. Às vezes não é fácil, mas não deixe que o seu desejo se acomode ou que o medo da vergonha o impeça de fazer o que é certo. Pense nisso e tente descobrir o que fazer. Se você ficar paralisado, tente explicar a situação para alguém e veja se consegue obter algum conselho. É provável que sua sensação desconfortável seja uma indicação de uma oportunidade de fazer o que é certo e um teste do seu caráter moral; então, não desperdice a oportunidade."

A família é um laboratório para o crescimento. Os filhos e os pais verificam na prática várias ideias no laboratório e desenvolvem um compromisso maior de seguir o Senhor em tudo o que fazem. Não é suficiente simplesmente descobrir o que funciona, porque, às vezes, o que funciona não é certo para os filhos ou para os pais.

Por exemplo, quando os pais gritam com as crianças, isso funciona. As crianças param de ser rebeldes, entram no carro, ou trabalham em seus afazeres domésticos. Mas o fato de parecer funcionar não faz disso o certo. Quando os pais usam a raiva como algo motivador, os filhos não aprendem a fazer o que é certo, na verdade, elas aprendem a ser bajuladoras, esperando evitar a próxima explosão dos pais.

Deus projetou a consciência para ajudar a guiar o coração na direção certa. Mas a consciência fica incompleta sem a liderança espiritual interior do Espírito Santo. O desenvolvimento da fé dos filhos é estratégico para construir a mentalidade moral e para reconhecer que os estímulos internos que eles sentem fazem parte da obra maior de Deus no mundo e no coração das pessoas. A segunda parte deste livro irá ajudá-lo a saber como encorajar e estimular o desenvolvimento espiritual dos seus filhos. À medida que você associa o crescimento espiritual e o desenvolvimento da consciência em seus filhos, eles irão desenvolver o sistema de direção interno para o coração de acordo com o plano de Deus.

Conforme ajuda seu filho a fortalecer a consciência e contribui para o desenvolvimento moral, você está transmitindo um dom precioso que seu filho usará para sempre. Não existe paz mais doce do que um coração que é sensível à liderança e direção de Deus.

PARTE 2

O desenvolvimento espiritual nos filhos

11

O plano de Deus

Se os pais possuem uma fé imperceptível, essa é a fé que eles estão transmitindo para os filhos.

"Meu filho tem quatro anos e ele está indo mal na pré-escola". Sheila sentou-se em meu escritório (Scott) porque a escola que o filho dela frequentava disse a ela que procurasse ajuda.

— O que você quer dizer? Qual é o problema?

— Bem, na verdade eles não disseram que ele está indo mal, mas é como eu me sinto. Eles dizem que ele chora muito quando está lá e não se une às outras crianças nas atividades.

— Talvez ele ainda não esteja pronto para a pré-escola. Você não está trabalhando fora de casa. Por que você o enviou para a escola?

— Eu escolhi aquela escola porque ela é uma escola cristã. Eu quero que o meu filho aprenda sobre a Bíblia.

— É mesmo? Sabia que você é a melhor pessoa para ensinar ao seu filho sobre a Bíblia?

— Eu realmente não sei muita coisa sobre a Bíblia.

— Que momento excelente para aprender. Você e o seu filho podem aprender juntos a Palavra de Deus. Você poderia ler as histórias na Bíblia e então aplicá-las na vida de vocês dois. Não somos contra as pré-escolas em geral, mas certamente não é o melhor para todas as crianças.

Algo aconteceu naquele dia no coração de Sheila. Ela comprou uma Bíblia infantil e assumiu a responsabilidade principal de ensinar ao filho sobre Deus e sobre sua Palavra.

Alguns pais se sentem inaptos a transmitir a fé para os filhos porque não possuem conhecimento suficiente da Bíblia ou não possuem fortes habilidades de ensino. Talvez seja por isso que muitos pais delegam o trabalho do ensino espiritual à igreja ou a uma escola cristã. Porém, Deuteronômio apresenta somente um pré-requisito para transmitir a fé para os filhos: que você tenha uma fé por si mesmo ativa e crescente. Por falar em pais, Deus diz em Deuteronômio 6:6: "Que todas estas palavras que hoje lhe ordeno estejam em seu coração." Perceba o que isso não diz. Você não precisa estar alistado em uma faculdade bíblica ou em um seminário para fazer o trabalho. Tudo o que você precisa é de uma fé verdadeira. Você tem que ter os mandamentos de Deus dentro do seu coração.

Um entendimento completo da motivação interna nas crianças deve envolver a obra de Deus na vida delas. A motivação interna vem do coração, mas o coração opera comandos de vários lugares, tudo ao mesmo tempo. As crianças precisam de ajuda para selecionar e administrar os desejos, as emoções e a consciência. O Espírito Santo é Deus e vem para habitar dentro do coração para primeiro transformá-lo com sua graça e depois para ser o Consolador particular, professor, auxiliador, e até mesmo uma fonte de poder para enfrentar os desafios da vida.

Um entendimento completo da motivação interna nas crianças deve envolver a obra de Deus na vida delas.

É verdade que outras coisas podem parecer mais urgentes; mas, no final, não há nada mais importante para uma criança do que ter uma forte fé pessoal. Aquela fé não só garante que vocês passarão a eternidade juntos no céu, mas também contribui de maneira significativa para o bem-estar da criança neste mundo.

O nível 3 de mentalidade envolve considerar como a fé se aplica à vida, como reagir bem aos estímulos da consciência e as maneiras de ouvir o Espírito Santo na vida diária. Então, as crianças aprendem a ser responsáveis e crescem em maturidade. Deus chama todos para viver um nível diferente quando ele diz em Colossenses 3:2: "Mantenham o pensamento nas coisas do alto, e não nas coisas terrenas." Romanos 8:5 diz: "Quem vive segundo a carne tem a mente voltada para o que a carne deseja; mas quem vive de acordo com o Espírito tem a mente voltada para o que o Espírito deseja." À medida que os filhos se tornam mais conscientes do Espírito Santo e da consciência na vida deles, aprendem a viver um nível diferente, um nível que considera o que Deus quer para eles, não simplesmente para os seus próprios desejos.

Hoje em dia muitas crianças são criadas na simples mudança de comportamento. Essa abordagem para a vida ensina as crianças a pensar nelas mesmas e a exagerar no nível 1 de mentalidade. Quando os pais ajudam os filhos a praticar a fé, confiar no Espírito Santo e prestar atenção aos estímulos da consciência, eles estão contribuindo para a maturidade a longo prazo e para a saúde dos filhos. Geralmente, exige-se que os pais se reciclem para se relacionarem com os filhos de maneiras mais estratégicas, mas o trabalho compensa com grande lucro.

Os filhos foram inseridos na família para aprender sobre Deus, sua Palavra e o seu plano para a vida deles. Quando se apoderam da dimensão espiritual da vida, coisas incríveis acontecem dentro de seus corações. As crianças podem pensar no nível 3? Podem, e viver em família é o projeto de Deus para desenvolver essa mentalidade.

No Antigo Testamento, lemos como Deus preparou as famílias israelitas para entrarem no novo estágio de suas vidas. É surpreendente como os servos de Deus dos dias de Moisés são iguais à nós do século XXI. Vamos dar uma olhada na história.

No livro de Deuteronômio, os israelitas estavam se preparando para tomar posse da terra de Canaã. Durante os últimos anos, eles haviam aprendido a confiar no Senhor enquanto vagavam no deserto. Depois, queriam seguir em frente para obedecer a Deus e servi-lo. Deuteronômio contém a história da rededicação da vida do povo e as instruções que Deus deu acerca de como seguir em frente com ele, tanto pessoalmente quanto em família.

Eles foram levados para uma nova terra onde várias influências malignas ameaçavam a saúde espiritual deles. Tentações imensas se aproximavam dos seus filhos. O povo que vivia na terra tinha práticas que iam contra aos valores de Deus. Como os israelitas seriam bem-sucedidos em um mundo que era tão pagão? Aquelas pessoas eram simplesmente como nós. Elas amavam a Deus, amavam seus filhos, queriam servir ao Senhor e queriam criar famílias comprometidas com ele, e eles precisariam fazer aquilo enquanto viviam numa terra de más influências e tentações que poderia roubar-lhes as bênçãos de Deus.

É interessante observar os quarenta anos anteriores, todos os homens guerreiros haviam morrido no deserto. Isso foi parte do julgamento de Deus pelo povo ter sido indisposto a obedecer sua liderança. Provavelmente, existia um número de pais solteiros e famílias misturadas no meio da nação israelita. Ainda assim, as instruções que Moisés deu ao povo se aplicavam a todos os tipos de famílias, não somente as famílias tradicionais. As instruções eram para as mães, os pais, os avós, os pais adotivos e qualquer um que cuidasse das crianças.

Conforme a história do Antigo Testamento se desenrola, os israelitas seguem em frente e fazem grandes coisas por Deus. Mas muitos também fracassaram. Alguns filhos se casariam com esposas pagãs. O pecado estava aguardando em cada esquina. O que faria esses servos de Deus serem bem-sucedidos quando viviam em um mundo cheio de armadilhas por todos os lados? A resposta é encontrada nas instruções de Moisés para eles em Deuteronômio capítulo 6. Ele começa dizendo aos pais o que devem fazer. O versículo 6 diz: "Que todas estas palavras que hoje lhe ordeno estejam em seu coração."

O discipulado na família começa com o compromisso dos pais aos mandamentos de Deus. Criar os filhos é a experiência mais desafiadora que você provavelmente terá. O seu compromisso com o Senhor irá ajudá-lo a superar os momentos difíceis e saber como ajudar seu filho através dos vários desafios da vida. A Bíblia contém a sabedoria que de você precisará para saber como lidar com os conflitos entre irmãos, como ajudar seu filho a aceitar um "não" como resposta e como fazê-lo reagir bem à repreensão. Deus fornece as ferramentas e a metodologia, e quanto mais você estudar a Palavra de Deus, mais fácil ficará para os seus filhos receberem a fé que o capacitou.

O discipulado na família começa com o compromisso dos pais aos mandamentos de Deus.

Os versículos 7-9 continuam dando instruções específicas para os pais: "Ensine-as com persistência a seus filhos. Converse sobre elas quando estiver sentado em casa, quando estiver andando pelo caminho, quando se deitar e quando se levantar. Amarre-as como um sinal nos braços e prenda-as na testa. Escreva-as nos batentes das portas de sua casa e em seus portões."

Os três princípios

Você pode dividir as instruções de Moisés em três princípios:

1. Construir o relacionamento.
2. Compartilhar as Escrituras.
3. Praticar a fé.

Esses três princípios formam a base do "como" apresentada nestes três próximos capítulos. À medida que você aplica esses princípios ao transmitir a fé para os seus filhos, você irá aumentar a interação dos seus filhos com Deus e com sua Palavra.

Você *constrói o relacionamento* estando com seus filhos quando se sentam em casa, viajam com você no carro, aninham-se com você na hora de ir dormir e tomam juntos o café da manhã. Construir o relacionamento possibilita o meio através do qual os valores passam de uma geração para a próxima. Porém, construir o relacionamento com seus filhos não é o suficiente.

Você também precisa *compartilhar as Escrituras.* Moisés disse que os pais têm que enfatizar os mandamentos de Deus aos filhos. Compartilhar as Escrituras com os filhos ajuda-os a ver que a Bíblia é relevante, prática e empolgante. Os mandamentos de Deus são o estilo de vida que queremos. Todos somos responsáveis por Deus em nossa vida.

Praticar a fé realmente mostra para as crianças como aplicar as Escrituras em suas vidas. A passagem de Deuteronômio fala sobre amarrá-las como símbolos nas mãos e prendê-las nas testas. Essas são as maneiras práticas de manter as Escrituras na sua frente. Quando você faz a Bíblia ser acessível para as crianças, elas aprendem de maneiras práticas o que significa demonstrar a fé, a esperança e o amor. As ações tais como a oração, o estudo bíblico, o servir, a compaixão, a administração do dinheiro e o compromisso com a Igreja de Deus vêm dos mandamentos. As crianças aprendem a fé com os pais, não importa qual seja essa fé.

As crianças aprendem com os pais como lidar com a injustiça, administrar os recursos e pensar nas outras pessoas. Se você está unido com Deus e sua Palavra, seus filhos verão o que significa servir a Deus de maneira prática. As crianças estão aprendendo uma cosmovisão bíblica enquanto vivem em um lar onde os pais estão buscando servir ao Senhor. Nenhum presente maior pode capacitar seus filhos para serem bem-sucedidos.

O nível 3 de mentalidade é simplesmente a percepção consciente de que Deus está sempre trabalhando, que ele sempre se manifesta e revela sua atividade para nós de várias maneiras e que somos parte desse plano. Deus se interessa nos detalhes da vida. Se existe alguma dúvida, veja como Salmos 139 descreve o conhecimento íntimo de Deus de nossas vidas pessoais:

> Sabes quando me sento e quando me levanto; de longe percebes os meus pensamentos.
>
> Sabes muito bem quando trabalho e quando descanso; todos os meus caminhos te são bem conhecidos.
>
> Antes mesmo que a palavra me chegue à língua, tu já a conheces inteiramente, Senhor.
>
> Tu me cercas, por trás e pela frente, e pões a tua mão sobre mim. Tal conhecimento é maravilhoso demais e está além do meu alcance, é tão elevado que não o posso atingir. (vv. 2-6)

Deus não é distante. Ele é pessoal. Ele se importa com cada pessoa de maneira especial e única. Até mesmo a criança que ainda não fez um compromisso com Jesus é a receptora da graça e do amor de Deus. Quando as crianças vivem com essa realidade, isso causa um impacto dramático em seus corações.

Mas minha igreja treina espiritualmente meus filhos

Alguns podem fazer uma boa pergunta: "Já que não me sinto apto a transmitir a fé para os meus filhos, por que não deixo que os profissionais façam isso na igreja ou na escola cristã?" Esta é uma ótima pergunta e a má compreensão da resposta tem resultado em muitos filhos abandonando a fé conforme entram na vida adulta. A igreja tem, sim, um papel importante aqui. Esse papel contém duas partes: preparar os pais para serem treinadores espirituais e complementarem o que os pais estão fazendo em casa.

Entretanto, quando os pais desistem da tarefa e permitem que a igreja faça esse trabalho em seu lugar, as crianças passam por cima da dimensão mais importante de transmitir a fé para a próxima geração: ver que a fé é relevante na vida diária. Transmitir a fé é mais do que passar o conhecimento bíblico ou explicar teologia. É vivê-la. Quando os filhos veem a fé sendo vivida nas atividades diárias da vida, eles são mais aptos a compreendê-la. Se eles só estão obtendo o conhecimento mental ou estão simplesmente envolvidos em atividades saudáveis na igreja, sem ver isso sendo praticado em casa, tendem a ver a Bíblia e a igreja como algo irrelevante para a vida diária. Então, muitas crianças "perdem" a fé dos pais quando crescem.

Transmitir a fé é mais do que passar o conhecimento bíblico ou explicar teologia.

A igreja, assim como a família, é feita para ser um centro de discipulado, agregando à vida das pessoas. Porém, às vezes, a igreja em seu zelo de ir ao encontro das necessidades das pessoas, vai um pouco longe, assumindo parte da responsabilidade da família. Em vez de incentivar os pais a intensificarem e assumirem seus papéis de treinadores espirituais, de vez em quando a igreja diz: "Cuidaremos do treinamento espiritual das crianças. Apenas deixe isso conosco." Quando isso acontece, alguns pais desistem da responsabilidade dada por Deus de transmitir a fé para os filhos.

Ou, para ser justo com a igreja, de vez em quando a família simplesmente não está fazendo seu trabalho, então a igreja intervém e ensina a Bíblia para as crianças de maneiras práticas e empolgantes. A igreja possui a responsabilidade de treinar e discipular cada pessoa, tanto jovens quanto idosos, então ensinar a Bíblia para as crianças e ajudá-las a entender a fé encaixa-se com a descrição da tarefa da igreja. Entretanto, sem a ligação com os pais, as crianças perdem algo muito significativo. De vez em quando, os pais não percebem isso e acreditam que delegar a obra do treinamento espiritual à igreja cumpre a tarefa.

Não é um problema de um ou de outro. Ambos são importantes. Os programas da igreja são uma ferramenta boa para aprimorar o desenvolvimento espiritual dos filhos, mas se os pais não forem os instrutores espirituais em casa, os filhos perdem a essência do que significa ser temente a Deus. O resultado é que alguns filhos crescem sem a fé ou, de certa maneira, veem a fé como algo que acontece na igreja, mas que não está integrado totalmente à vida deles. Por fim, as crianças recebem o conhecimento Bíblico e até se comprometem espiritualmente, mas sempre está faltando a total integração da fé a elas. O segredo é: os pais devem assumir seus papéis de principais instrutores espirituais, então os filhos terão a fé que os pais estão tentando transmitir a eles.

Preparados para enfrentar os desafios da vida

Quando os cristãos do livro de Deuteronômio enfrentaram o desafio de conquistar a Terra Prometida, eles e seus respectivos filhos encontraram vários obstáculos. Um dos desafios era viver em um ambiente que tinha influências profanas por todos os lados. Deuteronômio 7 descreve as nações que viviam naquela terra. O pecado daquelas nações criava tentações que seriam difíceis para os novos habitantes resistirem. Deus queria que seu povo fosse bem-sucedido em meio a todos os desafios que enfrentariam. É por isso que ele deu as instruções em Deuteronômio 6 já mencionadas. É a mesma coisa nos dias de hoje. Quando os pais são ativos na fé, transparentes no crescimento espiritual e desejosos em transmitirem a fé para os filhos, estes ficam mais preparados para enfrentarem os desafios ao redor.

Seus filhos são bombardeados por influências mundanas. Como irão pensar em viver suas vidas como povo escolhido entrando na Terra Prometida cheia de bênçãos? Ser fiel a Deus e a suas instruções irá protegê-los de muitas tentações e armadilhas. É ótimo conceder aos filhos atividades espirituais e uma boa igreja onde eles possam aprender e crescer, mas nada pode substituir o impacto do seu papel como discipulador espiritual dos seus filhos. É poderoso. É o projeto de Deus.

Os benefícios dos avós

Primeiro, vamos falar dos benefícios que os avós trazem para a família, e então vamos dar uma olhada nos desafios. Biblicamente, não há dúvidas de que o papel dos avós é importante. Salmos 78 apresenta uma bela frase sobre o legado que os avós transmitem. Os versículos 3-4 descrevem: "O que ouvimos e aprendemos, o que nossos pais nos contaram. Não os esconderemos dos nossos filhos..." A passagem continua: "Contaremos à próxima geração os louváveis feitos do Senhor, o seu poder e as maravilhas que fez."

Os avós atuam em muitos papéis, sempre enfatizando mais alguns do que outros. Eles podem ser os historiadores da família, os confidentes sábios, os companheiros de jogos, as babás, os mentores e os protetores tradicionais; transmitindo experiências memoráveis para os filhos e os netos. Em algumas famílias, os avós se tornaram os protetores principais, administrando o trabalho diário da vida familiar e criando os filhos.

Alguns avós podem não saber como resolver os problemas na conexão de internet ou como jogar um videogame, mas eles sabem uma coisa ou outra sobre vida, amor, esperança, mágoa, decepção, sucesso, fracasso e o amor de Deus. Alguns são capazes de dar assistência à família ao contribuir financeiramente, dar suporte emocional, ajudar com a tarefa escolar e com o cuidado das crianças. Ao mesmo tempo, os netos trazem alegria, energia, perspectiva, amor e gratidão aos corações dos avós.

Os avós cristãos possuem uma herança espiritual que vale a pena repetir. Até mesmo aqueles que recentemente se tornaram cristãos podem transmitir uma história espiritual da fé para os netos. Muitos avós têm mais tempo e podem ser mais tranquilos com relação à vida do que os pais e também são bem mais capazes de criar relacionamentos confortáveis. Às vezes, eles não estão tão envolvidos nas ocupações do cotidiano familiar, permitindo-lhes concentrar-se mais no desenvolvimento do relacionamento. Além disso, porque os avós nem sempre estão envolvidos na disciplina diária dos netos, podem se concentrar mais na educação, pegando as oportunidades de dar uma perspectiva aos filhos sobre a vida e dar suporte aos pais no treinamento das crianças.

A única vez que a palavra *avó* é usada na Bíblia é em 2Timóteo 1:5: "Recordo-me da sua fé não fingida, que primeiro habitou em sua avó Lóide e em sua mãe Eunice, e estou convencido de que também habita em você." Uma palavra interessante ocorre nesse versículo para descrever a fé que Timóteo tinha. É a palavra *sincero*, que literalmente significa "sem hipocrisia". Os filhos e os netos anseiam ver uma fé que é verdadeira na vida dos outros. Uma coisa é levar as crianças para a igreja. Outra coisa é permitir-lhes ver uma integridade genuína na sua fé em seu lar. Essa é a mensagem que Timóteo aprendeu com a influência de sua mãe e avó. Timóteo entendeu, e hoje em dia as crianças também podem entender quando veem essa fé vivida na vida diária dos outros, especialmente na família.

O Desafio da Família

O nosso objetivo nesta parte do livro é expor para você um plano prático de transmitir a fé para os seus filhos. Chamamos de O Desafio da Família. Quando você aceita O Desafio da Família e se compromete a construir um relacionamento, compartilhar as Escrituras e praticar a fé no mínimo uma vez por semana, grandes coisas irão acontecer com você e com os seus filhos. Conversas espontâneas sobre Deus, sua Palavra e a fé surgem no decorrer da vida. Quando você vê a sua família como um campo missionário ou como uma oportunidade ministerial, Deus irá conceder as oportunidades para você. E a sua própria família irá crescer mais unida. Seus filhos terão um fluxo constante de pensamentos de acordo com a vontade de Deus em suas vidas, que podem impactar seus corações de maneiras estratégicas e mudar para melhor as motivações internas deles. Os próximos capítulos mostrarão de modo prático como fazer isso em sua família.

12

A Hora da Família uma vez por semana

Levar os filhos à igreja – 10 pontos.
Ir ao culto junto com os filhos – 25 pontos.
Servir a Cristo com os filhos – 50 pontos.
Ensinar em casa aos seus filhos sobre a Bíblia – 100 pontos.

As técnicas para transmitir a fé aos filhos parecem ser diferentes de um lar para outro. Além disso, uma criança pode precisar de uma abordagem diferente da usada com outra criança, mesmo que estejam na mesma família. Os estudos bíblicos e as discussões práticas acontecem em todos os momentos em vários lugares. Embora oportunidades informais de interação existam na maioria das famílias, as crianças também se beneficiam de momentos planejados. Se você adquirir o hábito de separar vinte ou trinta minutos por semana para um evento espiritual na sua família, isso pode conduzir a muitas conversas espontâneas.

Neste capítulo, queremos compartilhar uma ideia que funciona. Chamamos de A Hora da Família, e é uma ótima maneira de pôr em prática o Desafio da Família em seu lar. Ao ter a Hora da Família agendada, seus filhos irão desejar ser guiados por sua liderança espiritual e desenvolver o caráter divino que é resultado de um treinamento espiritual.

Uma visão interior

Para ilustrar com o que se parece, queremos contar sobre três famílias. A família Martinez tem um pai, uma mãe e três filhos, de quatro, sete e nove anos. A segunda família é constituída por Shirley Swanson, uma mãe solteira, e suas duas filhas adolescentes, de 14 e 16 anos. A terceira família são os Jones/Cordova, uma família composta por adolescentes de 16 e 19 anos de um casamento anterior do pai, e uma criança de três e uma de cinco anos que os pais tiveram juntos. Todas as três famílias são comprometidas com Cristo e dispostas a transmitirem a fé para seus filhos. Todas elas possuem a Hora da Família como hábito. Aqui estão as histórias delas.

Três anos atrás, Peter e Anne Martinez começaram a Hora da Família com o objetivo de ensinar aos filhos a Palavra de Deus. Foi um grande sucesso desde o começo. A Hora da Família é geralmente anunciada com a canção-tema da família, e todos se reúnem para comerem juntos. Eles geralmente usam pratos descartáveis e comem um lanche simples, como pizza ou hambúrgueres. O diálogo na mesa é divertido, pois conversam sobre o dia, contam histórias e riem juntos. Todos amam a Hora da Família.

> Então, surge a pergunta que as crianças aprenderam a aguardar: "Qual foi a lição aprendida?"

Após o jantar, as crianças aguardam ansiosas enquanto o pai e a mãe leem uma passagem da Bíblia a fim de prepararem uma atividade. Às vezes é uma história sobre Jesus ou um dos grandes heróis da Bíblia. Outras vezes, é um versículo ou dois de uma epístola do Novo Testamento. Então, surge a pergunta que as crianças aprenderam a aguardar: "Qual é a lição aprendida?" As crianças e os pais sugerem aplicações práticas para os versículos.

Depois, há uma atividade que é tipicamente o destaque. Normalmente, correr em volta até cansar. Certa vez, eles fizeram uma corrida com roupas folgadas para ilustrar Hebreus 12:1: "Uma vez que estamos rodeados por tão grande nuvem de testemunhas, livremo-nos de tudo o que nos atrapalha e do pecado que nos envolve, e corramos com perseverança a corrida que nos é proposta." Em outro momento, eles fizeram um buraco em uma lata de refrigerante e a espicharam por toda a cerca, ilustrando a bagunça que a raiva causa quando você não a mantém sob controle, como está escrito em Provérbios 29:11: "O tolo dá vazão à sua ira, mas o sábio domina-se." Em outro momento eles apagaram todas as luzes da casa e tentaram seguir um mapa do tesouro, correndo em volta da casa com lanternas para ilustrar Salmos 119:105: "A tua palavra é lâmpada que ilumina os meus passos e luz que clareia o meu caminho."

Após a atividade, eles se reuniam em família para discutir sobre o que haviam aprendido e sobre como eles poderiam aplicar a Bíblia em suas vidas. Finalmente, eles oravam juntos, permitindo que cada pessoa da família compartilhasse algumas palavras com o Senhor.

A Hora da Família sempre será lembrada na casa dos Martinez. Faz parte do legado deles. As crianças sempre se lembram dos momentos divertidos que compartilharam e adoram falar sobre a Hora da Família preferida deles. De vez em quando, eles convidam os amigos para se juntarem à diversão. São todos crianças, e fica claro que estão aprendendo como é a fé em termos práticos.

A família Swanson é muito diferente. Infelizmente, Shirley Swanson e seu marido se divorciaram há cerca de cinco anos. Desde aquele tempo, Shirley se comprometeu a criar suas filhas adolescentes Nicole e Jeannie de uma maneira que colocasse Cristo no centro da família. Elas têm feito a Hora da Família no mínimo uma vez por semana, mas o cronograma raramente é o mesmo. Todas são muito ocupadas, então geralmente o tempo delas juntas é às noites de sábado, mas às vezes é durante a semana. A mãe cuida do calendário e sempre pergunta: "Se fizermos todas essas coisas, quando teremos nossa Hora da Família?"

Na noite da Hora da Família elas comem juntas e depois limpam a cozinha. De vez em quando, elas conversam sobre a Bíblia durante a refeição, em outros momentos, elas se reúnem na sala para ter um diálogo. A liderança na Hora da Família se alterna entre elas. A mãe iniciou a atividade há dois anos e sempre mantém as coisas interessantes. Elas sempre estudam um livro da Bíblia, cada uma pegando um capítulo por vez para ler, explicar e ilustrar com alguma forma de atividade. O planejamento faz parte da diversão, pois cada uma tem que fazer a pergunta: "Como poderíamos ilustrar essa verdade de um jeito divertido?" De vez em quando, a líder não consegue pensar numa atividade, então elas imaginam juntas e desenvolvem algo.

Certa vez, quando era a vez de Nicole liderar, elas estavam estudando a carta de Tiago e chegaram ao final do capítulo 2, que diz que a fé sem obras é morta. Nicole decidiu fazer alguns biscoitos na outra tarde e, após o jantar, elas distribuíram os biscoitos para três vizinhos, apenas para incentivá-los. Foi uma atividade simples, porém significativa.

Em outro momento, quando elas estavam estudando o Evangelho de Mateus, a mãe fez as filhas criarem sua própria parábola para ilustrar algum tipo de verdade acerca de Deus. Todas riram juntas quando Jeannie começou sua parábola: "Era uma vez, uma mãe que tinha duas filhas..." Os momentos de oração nessa noite foram especialmente significativos quando oraram uma pela outra e pelos desafios que cada uma estava enfrentando. A mãe diz: "A nossa agenda nos mantém na correria. Nem conseguimos comer juntas na maioria dos dias, mas a Hora da Família mantém nosso relacionamento íntimo."

Bill Jones e Haley Cordova têm um problema que exigiu um pouco de criatividade para superar, para desfrutarem juntos a Hora da Família. Os filhos mais velhos de Bill ficam com ele a cada duas semanas, e existe uma diferença de idade significante entre eles e as crianças mais novas. Era como se cada Hora da Família com as crianças mais novas deixasse de incluir os filhos mais velhos.

Para que todos os filhos pudessem participar da Hora da Família, muitas vezes os pais organizavam duas Horas da Família diferentes. Parecia ir bem, mas geralmente se concentravam nas crianças mais novas e tinham uma Hora da Família como se fossem quatro adultos, em vez de dois, e as duas crianças mais novas. A parceria das quatro pessoas mais velhas para trabalhar com as crianças mais novas alcançou seu objetivo de estimular a intimidade na família, ensinando as verdades da Bíblia e todos aprendendo durante o processo. Em certa noite, eles fizeram uma corrida de cavalinho para ilustrar Gálatas 6:2: "Levem os fardos pesados uns dos outros e, assim, cumpram a lei de Cristo." Então, conversaram sobre como conseguem apoiar um ao outro durante o dia. Até mesmo as crianças mais novas podiam fazer coisas para ajudar.

Em outro momento, eles conversaram sobre o valor da fé genuína de Mateus 18:2-4: "Chamando uma criança, [Jesus] colocou-a no meio deles, e disse: 'Eu lhes asseguro que, a não ser que vocês se convertam e se tornem como crianças, jamais entrarão no Reino dos céus. Portanto, quem se faz humilde como esta criança, este é o maior no Reino dos céus'" Os pais permitiram que as crianças mais novas vendassem os olhos dos adolescentes e os guiassem por um labirinto. Os jovens da família aprenderam sobre a liderança espiritual enquanto assistiam aos seus pais procurarem por meios de ensinar a Palavra de Deus. Isso se tornou um momento de ensino precioso para todos.

Fazendo a Hora da Família funcionar em sua família

Essas três famílias são únicas, mas elas possuem uma coisa em comum: um compromisso de compartilhar a Palavra de Deus em família. Os pais em cada família estão comprometidos a transmitir a fé para os filhos. A Hora da Família em cada lar parecia diferente, mas todas elas compartilhavam ingredientes comuns. Como a Hora da Família será em seu lar? Enquanto considera desenvolver a Hora da Família, aqui estão alguns pontos que farão dar certo.

1. *Programe-se.* Embora possa não ser na mesma hora toda semana, coloque no calendário. Mesmo que ainda não tenha algo específico planejado, acrescentá-la na agenda pode ajudar a mantê-la como prioridade na vida familiar. Como todos sabemos, o calendário pode ficar cheio bem rápido. Agendar é o primeiro passo de comprometimento de que sua família precisa para fazer acontecer a Hora da Família.

   A agenda da família é uma das áreas em que o equilíbrio é essencial. Quando os membros da família ficam muito comprometidos, a família sente a pressão. Você pode fazer todos os itens em uma semana, mas o objetivo não é esse. O objetivo é capacitar os filhos para o futuro. A agenda é um dos meios para manter uma família equilibrada. Quando a família fica sem equilíbrio, as crianças começam a perder o que é mais importante.
2. *Pergunte: "Qual foi a lição aprendida?"* Após ler uma passagem bíblica, é importante aplicar seu princípio fundamental na vida. É divertido ver os filhos levando a Bíblia a sério. Em uma família, conversaram sobre confessar os pecados após ler Tiago 5:16: "Portanto, confessem os seus pecados uns aos outros e orem uns pelos outros para serem curados. A oração de um justo é poderosa e eficaz."
3. A mãe admitiu que estava melhorando sua raiva quando ficava frustrada na vida familiar. Sua filha então admitiu que estava melhorando na obediência sem reclamar, algo sobre o que tinham conversado no dia anterior. A mãe ficou impressionada por a filha estar disposta a compartilhar uma coisa importante em que estava melhorando. Além disso, agora isso podia ser um item na oração, e elas podiam compartilhar juntas em um novo nível.

Ao fazer a pergunta "Qual foi a lição aprendida?" em cada Hora da Família, os filhos reconhecem que a Bíblia é prática e é autoridade para a vida. As crianças veem como a Bíblia é relevante para a vida delas. Integrar a Bíblia à vida é algo estratégico para ajudar os filhos a desenvolverem o nível 3 de mentalidade. Além disso, os princípios da Palavra de Deus oferecem um padrão para a consciência confiar, e as crianças desenvolvem as convicções sobre a vida. Em resumo, uma nova forma de motivação interna cresce e se desenvolve no coração da criança.

> A hora da família em cada lar parecia diferente, mas todas compartilhavam ingredientes comuns.

4. *Faça uma atividade.* Geralmente, uma atividade tem a capacidade de afetar uma criança da maneira que um diálogo não consegue. Se você não consegue pensar em uma atividade com antecedência, peça para a sua família uma ideia de atividade durante a Hora da Família. As crianças tendem a ser criativas, e das ideias pode surgir a atividade perfeita. Além disso, pensar juntos na atividade ajuda as crianças a examinarem os princípios da fé de forma mais cuidadosa enquanto elas tentam apresentar uma ideia para ilustrá-los.

   As atividades podem surgir de várias formas. Você pode pensar em um jogo, em um campeonato ou numa competição. Ou poderia desenvolver um projeto de intervenção ou estender a atividade para além das paredes do seu lar escrevendo, chamando pessoas, visitando ou cuidando dos outros. O teatro, a arte e a música também são formas divertidas de ilustrar a Palavra de Deus. A ciência, a culinária e os experimentos também são fascinantes.

Na verdade, você pode pensar primeiro em uma atividade divertida ou criativa e trabalhar em ordem inversa, procurando por uma passagem bíblica ou história que possa ilustrar. Foi o que Kathy fez quando ela viu como uma gota de sabão na superfície da água empurrava os grãos de pimenta. Ela sabia que seus filhos iriam gostar da atividade, então tentou pensar numa verdade bíblica que podia ilustrar. Ela teve a ideia da bondade com os outros. Eles discutiam o que a bondade significava em termos práticos, e então ela compartilhou o versículo bíblico da noite, Provérbios 15:1: "A resposta calma desvia a fúria, mas a palavra ríspida desperta a ira." A discussão continuou no decorrer da semana, concedendo meios para praticar a bondade e afastar o conflito.

A razão pela qual a Hora da Família funciona para transmitir a fé aos filhos é porque ela incentiva os três itens ensinados em Deuteronômio 6:7-9: construir um relacionamento, compartilhar as Escrituras e praticar a fé. À medida que você une essas estratégias em vinte ou trinta minutos por semana, uma coisa extraordinária acontece com seus filhos. Eles começam a ver o que é a fé em Deus e até começam a sentir algumas coisas a respeito de Deus que eles podiam não ter percebido de outra forma. É incentivador e até mesmo divertido para os pais ouvirem seus filhos conversar sobre as lições que aprenderam e como as aplicam em todos os momentos durante a semana.

Quando a Hora da Família fizer parte da rotina em seu lar, você verá as crianças mudarem e a sua família crescer unida. E, o mais importante, você estará transmitindo a fé para os seus filhos de formas que eles podem entender e aplicar em seus corações e vidas. Nos próximos capítulos, iremos mais fundo nos três ingredientes que fazem a transmissão da fé para os seus filhos funcionar melhor.

13

O relacionamento é fundamental

A família é o círculo social humano mais influente na vida de uma pessoa, quer você queira, quer não.

Jenny compartilhou sua história com determinação e um pouco de decepção. "Enquanto estava crescendo, eu não tinha um relacionamento íntimo com minha mãe. Sentia como se ela não gostasse de mim. Eu queria que meu relacionamento com minha filha fosse diferente. Fiz todo o possível para fazer do nosso lar um lugar seguro para ela conversar e se abrir. Eu tenho um interesse pessoal na vida dela. Mas agora que ela tem 13 anos, parece ser mais difícil. Ela não compartilha mais as mesmas coisas comigo como fazia antes. Eu preciso de novas estratégias para me relacionar com minha filha."

Infelizmente, alguns pais, assim como Jenny, permitem que os anos da adolescência criem um abismo no relacionamento com os filhos. Alguns acreditam que simplesmente tem que ser assim. Quando os pais mudam o modo de interagir com os adolescentes, é possível ter até mesmo relacionamentos íntimos. Os diálogos profundos, as interações significativas e as experiências positivas podem fazer dos anos da adolescência um momento recompensador tanto para o filho quanto para os pais. A interação espiritual é estratégica e exige um pouco mais de premeditação do que nos anos anteriores. Quer seu filho seja mais jovem, quer seja mais velho, você vai desejar tirar vantagem das três estratégias de Deuteronômio capítulo 6: construir o relacionamento, compartilhar as Escrituras e praticar a fé. Neste capítulo vamos discutir primeiro a estratégia de construir o relacionamento, já que é o canal no qual os outros dois componentes se tornam eficazes. Construir o relacionamento é básico para transmitir a fé para seus filhos.

Então, o que é o relacionamento, como o construímos e por que ele é importante? Relacionar-se é mais do que simplesmente morar juntos. O relacionamento significa uma ligação mais profunda. É uma resposta do coração a outra pessoa que diz: "Eu o conheço, eu gosto de você, eu gosto de estar com você." Quando pais e filhos possuem um relacionamento firme, eles valorizam um ao outro e estão abertos a aprender.

Relacionar-se é mais do que simplesmente morar juntos.

Construir o relacionamento acontece naturalmente para alguns pais, porém, é mais difícil para outros. Apesar de tudo, não é opcional. O relacionamento íntimo entre pais e filhos é a ferramenta para ajudar os filhos a ter a convicção de que eles precisarão ser os transformadores do mundo que Deus planejou que eles fossem.

Sejamos práticos

Então, como fazemos isso? Os relacionamentos simplesmente não acontecem, e, com certeza, manter os relacionamentos íntimos dá trabalho. Alguns pais acham que ter uma ligação com os filhos é algo fácil. Eles preferem ficar encolhidos na poltrona para uma leitura em voz alta ou para assistir a um filme. A experiência compartilhada leva a abraços gentis e sentimentos de proximidade. Brincadeiras de fazer cócegas, sobremesas divertidas, apelidos fofos e passeios familiares, tudo traz proximidade às famílias com filhos pequenos.

Crianças mais velhas relacionam-se com os pais de modo diferente de quando eram mais novos. Os diálogos sobre sentimentos e opiniões, brincar juntos ou compartilhar um hobby ou um habilidade ajudam os pais e os adolescentes a se relacionarem de formas profundas. Aqui estão alguns itens para ter em mente quando procurar construir um relacionamento:

1. *Tenha propósito.* Se você está esperando que o relacionamento aconteça por si só, pode se decepcionar. Tome a iniciativa para conhecer o coração do seu filho. Tente coisas diferentes e faça anotações mentais sobre o que funciona e o que não funciona.
2. *Mantenha-se concentrado.* Se o objetivo da atividade é aprofundar a intimidade, então guarde as instruções e as sessões de disciplina para outro momento. Ouvir de forma não crítica gera proximidade. O contato visual e o toque físico dizem: "Eu estou interessado em você." Os pais sempre devem ser sensíveis ao componente relacional da educação dos filhos, mas alguns eventos e algumas atividades podem ter o objetivo principal de desenvolver a proximidade. Nesse caso, você pode escolher adiar os momentos de disciplina, que podem atrapalhar seu objetivo.

   Nesses poucos minutos, talvez precise deixar para trás o mau comportamento de uma criança na pré-escola ou os valores inapropriados de um pré-adolescente. É possível que você queira voltar a esses itens mais tarde, mas, nesse momento em particular, mantenha-se concentrado no relacionamento o máximo que puder. Óbvio, isso nem sempre é possível. Às vezes, educar os filhos exige que você desista do que tinha pensado que poderia ser um momento especial porque o filho precisa de alguma forma de disciplina naquele exato momento. Porém, com sorte, existirão momentos em que você será capaz de se concentrar em construir o relacionamento como era o objetivo.

3. *Esteja disponível.* Os relacionamentos nem sempre se desenvolvem como programado. Seu filho do Ensino Fundamental pode abrir o coração a você justamente quando você está tentando colocá-lo para dormir à noite. Seu filho adolescente pode voltar para casa de uma atividade e estar ansioso para conversar. Esteja atento para perceber as oportunidades quando seu filho está se aproximando de você. Pode ser sutil ou ser um momento "ruim", mas, se for possível, pare o que está fazendo e dê sua total atenção.
4. *As atividades ajudam.* Trabalhar juntos para alcançar um objetivo é uma ótima ferramenta para construir o relacionamento. Limpar a garagem, cozinhar uma nova receita para o jantar ou sair para passear em família no parque, todas são atividades que têm o potencial de aprofundar o relacionamento. Trabalhar e brincar juntos constrói o relacionamento.
5. *Desenvolva tradições.* As tradições familiares trazem proximidade e desenvolvem fortes laços na família. As tradições de feriados, de férias ou até mesmo a tradição do café da manhã de sábado, todas contribuem para a construção do relacionamento.
6. *Observe seu ritmo e ouça.* Às vezes, as crianças mais velhas reagem bem ao serem tratadas como adultos. De vez em quando elas precisam reviver os momentos carinhosos de formas mais divertidas. Construir o relacionamento exige uma observação cuidadosa e sensibilidade para se encontrar com as crianças onde quer que estejam e se conectar com elas de modos que toquem seus corações.

Tenha em mente o objetivo

Entretanto, lembre-se de que construir um relacionamento não é um fim em si mesmo. Alguns pais perdem a sinceridade e terminam com uma família que é autocentrada. Deus deu às famílias um propósito maior para ser abraçado. Uma família forte procura abençoar os outros, preocupar-se com os outros e ajudá-los a encontrar Deus de maneira eficaz.

Em resumo, a família é o lugar onde os filhos tornam-se discípulos de Jesus Cristo, para que eles impactem o mundo. Eles aprendem como fazer discípulos. Alguns pais perdem esse objetivo essencial, acreditando que eles estão simplesmente tentando criar filhos maduros e responsáveis. Contudo, Deus projetou a família para ser um centro de treinamento de discípulos, onde os filhos aprendem o que significa servir ao Senhor e então estendem a mão e ajudam os outros a verem o que é uma vida comprometida com Deus. Essa família pode ser o meio estratégico para transformar o mundo. Os filhos aprendem a ter convicções, resolver problemas e comunicar uma cosmovisão bíblica de modo que faça crescer o Reino de Deus no lar, na vizinhança, na escola e no mundo.

Os princípios bíblicos são ensinados no lar com as experiências diárias, tais como lidar com conflitos, fazer as tarefas domésticas e ficar prontos na hora certa pela manhã. Os relacionamentos íntimos entre pais e filhos são importantes porque imitam o tipo de amor que Deus tem por seus filhos. O relacionamento é fundamental, e Deus usa o relacionamento conosco para nos ajudar a crescer e aprender. Da mesma maneira, seu relacionamento com seus filhos é um trampolim para ajudá-los a terem fé e viverem-na diariamente.

O relacionamento é mais do que passar tempo juntos. Envolve relacionar-se com o coração da criança. Alguns pais pensam que, quando as tarefas familiares estão completas, podem desfrutar o descanso tão necessário, mas geralmente os momentos adicionais de construir o relacionamento são necessários para desenvolver os fortes laços familiares. Uma mãe muito comprometida que educou os filhos em casa disse: "Eu costumava achar que estava ganhando todos os pontos relacionais de que precisava ao fazer o ensino doméstico com meus filhos todos os dias, mas então percebi que meus filhos precisavam mais de mim. Eu precisava passar tempo com eles desfrutando o relacionamento e nos divertindo fora do horário escolar para viver a intimidade com meus filhos. Parece que o ensino sempre coloca um dreno em nosso relacionamento, então preciso equilibrar de outras formas."

A base para educar os filhos é o relacionamento e não as atividades familiares. Antes mesmo de os pais entrarem nas atividades de educar os filhos, eles estão em relacionamento com os filhos. O relacionamento vem antes do dever. É verdade que os pais devem se comprometer com as atividades de educar os filhos ao dar instruções, corrigir e estabelecer limites. Essas são partes muito importantes da tarefa dos pais. Porém, tenha em mente que essas coisas geralmente pressionam o relacionamento. Então, é importante trabalhar intencionalmente na construção do relacionamento com cada um de seus filhos. Já que ser pai e mãe pode se concentrar rapidamente nas obrigações, é importante que os pais busquem maneiras de se relacionar emocionalmente até mesmo em meio às obrigações da vida familiar. É quando a ligação relacional entre os membros da família diminui de forma significativa que a tensão aumenta e a capacidade dos pais de ensinar e influenciar também diminui.

A base de educar os filhos é o relacionamento e não as atividades familiares.

Lembre-se de duas coisas

Duas estratégias ao educar os filhos ajudam a aumentar a intimidade entre os membros da família. Ambas levam tempo. Cada uma delas aborda o desafio de modos diferentes. A primeira é a *iniciativa,* e a segunda é a *receptividade.* Ambas exigem tempo livre ou tempo extra na agenda e flexibilidade na rotina de alguém.

A iniciativa procura por meios de considerar o interesse, as necessidades e os desejos da outra pessoa. Qual é a comida preferida do seu filho, a cor, o amigo, ou a atividade? Quais os anseios, as esperanças e os desejos que seu filho possui? Quando se sabe as respostas para esses tipos de perguntas, você pode começar a expressar que sabe. Os filhos veem quando você se importa, quando tem interesse nos detalhes e nas paixões da vida deles. Pode ser fazer os biscoitos preferidos deles ou trazer do trabalho uma ideia que alegra seu filho. Você vê os olhos da sua filha brilharem e sabe que tocou o coração dela. Pergunte-se: "O que posso fazer para trazer alegria para a vida do meu filho?" Não é dar coisas para a criança; é conhecer o coração do seu filho e mostrar que se importa.

Devido a cada criança ser única e diferente, é fácil se relacionar mais com algumas crianças do que com outras. Algumas crianças são transparentes, então você sabe tudo o que elas estão pensando, possibilitando oportunidades fáceis de identificar os interesses em comum e as áreas para insistir. As crianças introvertidas podem ser um quebra-cabeça para os pais e precisar de meios diferentes para sentirem a intimidade com a mãe e o pai.

Lembre-se de que o dia a dia de uma família resulta normalmente em um desgaste lento no relacionamento. Limpar a casa, fazer as crianças estarem prontas de manhã, fazer a tarefa escolar e levar as crianças de um lugar para o outro pode ser um desafio para qualquer gestor. O trabalho envolvido para ter comida à mesa e as roupas limpas e guardadas nas gavetas é estressante e tem o potencial de pressionar a dinâmica familiar. Construir um relacionamento é geralmente como colocar óleo na máquina para reduzir o atrito, assim as tarefas são mais fáceis de executar.

A iniciativa é proativa. Por outro lado, a receptividade o coloca no modo de observação, sempre em guarda para ter uma oportunidade para se relacionar. A receptividade mantém uma atitude pronta para aqueles momentos em que seu filho expressa a necessidade de conversar. A criança que está muito empolgada com uma nova oportunidade ou está desanimada por um fato decepcionante — ambas possuem algo em comum: uma oportunidade para os pais se relacionarem com o coração dos filhos. Embora o aconselhamento e a resolução de um problema possam ajudar em certos momentos, é mais importante compartilhar a emoção e demonstrar empatia com os sentimentos do seu filho. Quando você demonstra, consegue se relacionar com o coração do seu filho.

A iniciativa faz você se lembrar de pensar em seu filho. A receptividade o mantém pronto para as surpresas que podem surgir em qualquer momento. Ambas contribuem para a construção do relacionamento, e se você tirar proveito das oportunidades, pode ter algumas ligações importantes.

O relacionamento aumenta a sensibilidade espiritual

As oportunidades para a intimidade apresentam-se regularmente, mas reconhecê-las é só parte do processo. A outra parte é trazer a fé para a vida de maneiras práticas. Isso não significa que cada experiência emocional necessite de um versículo bíblico ou um momento de oração. Pareceria artificial, principalmente quando seu filho fica mais velho. Mas a sensibilidade espiritual muitas vezes aumenta quando as emoções estão envolvidas. Os pais podem ajudar a emoldurar o quadro para os seus filhos, levando-os da empolgação à gratidão pela provisão de Deus ou do desânimo à confiança na graça de Deus. Espiritualmente, em boa parte, é uma forma de mentalidade, e os pais sempre podem ajudar seus filhos a integrar a fé deles através de tarefas diárias e mundanas. Em resumo, o relacionamento fornece o canal no qual a maioria dos pais molda as partes mais confusas do coração de uma criança. As crianças acumulam novas formas de pensar, as verdades para acreditar e, por fim, uma motivação interna que agrada a Deus.

Deuteronômio 6:7-9 propõe quatro oportunidades para construir o relacionamento: quando você está sentado em casa, quando está caminhando pela rua, quando se deita e quando você se levanta.

Na verdade, essa passagem fala de todos os aspectos de viver juntos, mas, traduzindo em termos modernos, podemos interpretá-la como dizendo: quando você sai de casa, viaja para algum lugar, passa pela rotina matinal ou se prepara para dormir. Esses são quatro momentos estratégicos que concedem uma oportunidade para o relacionamento.

Uma mãe confirmou o benefício de viajar juntos dizendo: "Quando estamos no carro, eu tenho um público cativo. Tento planejar perguntas estimulantes ou histórias para fazer as crianças conversarem e interagirem. Exigimos que um pouco do nosso tempo seja sem dispositivos eletrônicos. Os videogames são bloqueados, os fones de ouvidos são removidos e o rádio desligado. Geralmente, leva um pouco de tempo de recuperação para as crianças entrarem de novo no modo relacional. Muitas vezes elas não participam da conversa, estando totalmente envolvidas em uma batalha eletrônica com o universo. Na verdade, de vez em quando, elas se ressentem muito em ter que deixar seus amigos eletrônicos. Eu sei que é preciso um pouco de tempo para se desligar dos eletrônicos e começar a se relacionar com a família, então sou paciente para deixar que isso aconteça. Normalmente, após alguns minutos, uma conversa animada surge do nada. Às vezes compartilhamos sobre o nosso dia e outras vezes falamos sobre algo que está acontecendo ou compartilhamos opiniões sobre algo."

Contar histórias sobre a vida e relembrar experiências passadas comuns são boas maneiras de atrair as crianças para o diálogo. Quando você faz dessas práticas algo comum, as crianças aprendem a criar seus próprios diálogos, contar suas próprias histórias e fazer suas próprias perguntas. Ouvir e responder aos seus filhos aumenta a abertura ao diálogo.

Um pai compartilhou esta observação: "Eu ansiava que minha filha aprendesse a dirigir. Ela tem 17 anos agora e está dirigindo há seis meses. Não sabia o que perderia quando ela tirasse sua carteira de motorista. Costumávamos conversar no carro enquanto eu a levava para os esportes, para a igreja e para outras atividades. Agora, ela dirige bastante, indo sozinha para o trabalho e para todas as suas atividades. Sinto falta do nosso tempo juntos dentro do carro. Teremos de encontrar novas maneiras de nos relacionar. Se eu soubesse um ano atrás o que sei agora, provavelmente teria valorizado mais aqueles nossos momentos juntos."

Usando o relacionamento para interagir espiritualmente

Alguns pais são bem rápidos para se prontificarem a transmitir a fé aos filhos espontaneamente. No entanto, a maioria dos pais percebe uma oportunidade real, ou uma oportunidade em potencial, e não sabe bem como reagir no momento. Depois de algum tempo, nesse caso, os pais podem voltar para a criança e dizer: "Eu gostei do que você compartilhou durante o jantar hoje. Só quero que saiba que estou orando por você." Ou: "Ontem você estava falando sobre aquele problema que está tendo na escola e encontrei um versículo que pode ser útil."

O impacto de compartilhar as Escrituras e praticar a fé é muito maior quando ocorre no contexto de construir o relacionamento. É por isso que estamos encorajando você a aceitar o Desafio da Família. Transmitir a fé para os filhos ocorre espontaneamente ao longo do dia, mas também requer um momento agendado para um ensino mais estruturado.

A parte de "construir o relacionamento" do Desafio da Família faz os seus momentos serem mais significativos, e a conexão do coração dá a oportunidade para as crianças se relacionarem com Deus. Pode ser uma refeição preferida compartilhada ou se divertirem juntos com um livro de charadas. Pode ser uma atividade que envolva todos na família ou apenas uma simples conversa que ofereça um momento para ficarem juntos. Conforme procura por meios de construir o relacionamento, você está ensinando para as crianças um valor essencial na vida: que relacionamentos são importantes. Na verdade, os pais podem se tornar facilitadores, ajudando as crianças a se relacionarem com o próprio Deus. E, claro, esse é o objetivo. Você tem um papel significativo como pai ou mãe. Transmitir a fé não acontece apenas pela leitura da Palavra de Deus à mesa após o jantar. Ocorre nas interações diárias da vida, através dos relacionamentos que você tem com seus filhos.

14

Escrituras + criatividade = impacto

Leia a Palavra de Deus e ela crescerá em seu coração. Leia a Palavra de Deus com seus filhos e ela crescerá no coração deles.

Às vezes, um pouco de criativiade pode transformar o que uma criança acredita. Foi o que aconteceu com Dan quando ele tinha quinze anos. Eis como ele relata a história:

> Eu queria muito ir acampar em um verão. Meu coração estava nisso. Por várias razões, parecia que não ia dar certo. Eu estava muito decepcionado. Meu pai chegou até mim um dia e disse:
>
> — Você sabe o que é um aguilhão?
>
> — Sim, é um tipo de águia.
>
> — Não é uma águia. Um aguilhão.
>
> — Não, não sei o que é isso.
>
> — Eu estava pensando sobre o seu desejo de ir acampar e fui lembrado da história bíblica do aguilhão. Pensei que seria de ajuda para você.

Tenho sido um cristão por toda minha vida, mas jamais tinha ouvido antes uma história sobre um aguilhão na Bíblia, então fiquei curioso. Meu pai pegou a Bíblia e abriu em Atos 26:14 e leu as palavras de Jesus para Saulo: "[...] 'Saulo, Saulo, por que você está me perseguindo? Resistir ao aguilhão só lhe trará dor!'"

— Então, o que é um aguilhão? perguntei.

— É uma vara com ponta de ferro afiado para manter os bois no caminho certo. Quando eles começam a andar na direção errada ao lavrar a terra, o fazendeiro fere-os um pouquinho para mantê-los em fila.

— Interessante. Mas pai, é sério, o que isso tem a ver comigo e com o acampamento?

— Bem, eu estava pensando como o apóstolo Paulo estava muito comprometido em seu plano de matar os cristãos. Ele estava emocionalmente envolvido em seus desejos, e Deus tinha enviado vários sinais, como o espeto do aguilhão, mas ele não era capaz de prestar atenção neles; então Deus teve que causar uma crise na vida dele, fazendo-o ficar cego para que ele pudesse ver que estava indo na direção errada. Eu estava pensando na sua vontade de ir acampar e como isso parecia que não ia dar certo. Imaginei que talvez você estivesse tão envolvido na situação que não conseguisse ouvir o Senhor.

Esse diálogo com o meu pai teve um impacto sobre mim. Comecei a perceber que estava me permitindo me lamentar e me queixar sobre algo que eu não podia fazer nada a respeito. Comecei a liberar minha decepção e isso mudou meu ponto de vista. Agora, quando lembro daquele verão, perder o acampamento não foi uma grande coisa. Outras coisas boas aconteceram naquele verão e fico feliz por não as ter perdido. Porém, o que aprendi de mais importante foi que minha decepção poderia ser perigosa porque talvez eu não conseguisse ouvir o que o Senhor queria de mim.

Um dos maiores benefícios da Bíblia é que ela nos permite entender quem Deus é, quem somos nós, e qual é o plano de Deus para nós. Entretanto, transmitir essas coisas para os filhos pode ser, de vez em quando, um desafio bem grande. Devemos nos adequar ao nível deles e traduzir as Escrituras para cada estágio de desenvolvimento da criança. Como fazemos isso? Seguimos o exemplo de Jesus quando ele transmitiu a fé para os seus discípulos.

Mateus 13:34 diz: "Jesus falou todas estas coisas à multidão por parábolas. Nada lhes dizia sem usar alguma parábola, [...]". Jesus não estava só preocupado com o que ele queria dizer, mas ele escolheu cuidadosamente como falaria para aumentar o impacto. Posso imaginar Jesus deitado na cama à noite dizendo: "Gostaria de transmitir para esses homens que Deus ama a cada um pessoalmente." Então, no outro dia, ele levantava e contava aos discípulos uma história sobre um pastor que tinha cem ovelhas, e uma se desviou e se perdeu. O pastor deixou as 99 e foi buscar a perdida. É o quanto Deus ama cada pessoa.

Devemos nos adequar ao nível deles e traduzir as Escrituras para cada estágio de desenvolvimento da criança.

Ou talvez Jesus estava tentando pensar em como ensinar os discípulos a pararem de julgar uns aos outros. Enquanto ele refletia sobre a ideia, percebeu que falaria sobre remover os antolhos do seu próprio rosto antes de tentar remover o cisco do olho de outra pessoa. É interessante como Jesus teve uma experiência passada em uma carpintaria e pode ter extraído as ideias daquela experiência para ensinar aos seus discípulos um princípio prático do Reino.

Quando Jesus estava refletindo sobre como ensinar aos seus discípulos sobre a serventia, ele se levantou da mesa e pegou uma toalha e lavou os pés dos discípulos. Quando Jesus queria transmitir um princípio do Reino, ele acrescentava uma história de um homem caminhando na estrada ou uma semente crescendo no chão. Chamamos essa estratégia de ensino de "parábolas". A palavra *parábola* literalmente significa "arremessar ao lado". Contém a ideia de trazer algo ao lado da verdade para ilustrar ou fazer algo ter importância.

A criatividade ajudava a embutir a verdade dentro dos corações dos ouvintes. Da mesma forma que Jesus usava histórias, os pais podem usar a linguagem das crianças ou uma atividade para compartilhar as Escrituras e ensinar a verdade de Deus. As crianças de qualquer idade aprendem através da brincadeira, e que melhor forma de ajudá-las a entender os princípios das Escrituras do que através das atividades?

"Mas eu não tenho nenhuma veia criativa", disse uma mãe interessada. Isso pode ser verdade, mas a maioria das pessoas é mais criativa do que imagina, e existem muitos recursos e ferramentas para ajudar os pais a usarem a atividade para ensinar aos filhos sobre a Bíblia. Você ficará surpreso com as ideias criativas que podem surgir quando está estudando as Escrituras e então conversar com seus filhos sobre elas. O objetivo é ajudar as crianças a reconhecerem que a Bíblia é relevante, prática e empolgante.

As crianças de qualquer idade aprendem através da brincadeira, e que melhor forma de ajudá-las a entender os princípios das Escrituras do que através das atividades?

A Bíblia é diferente dos outros livros

Para ter uma Hora da Família firme, você deve incluir as Escrituras. As crianças precisam ver que a Bíblia é real, preciosa e útil para a própria vida delas. É por isso que compartilhar as Escrituras é o segundo ingrediente na passagem de Deuteronômio capítulo 6 sobre transmitir a fé aos filhos. Quando você lê a Bíblia com seus filhos, quer que eles saibam que ela é diferente de qualquer outro livro. No fim da leitura, tire um minuto e pergunte: "Qual foi a lição aprendida?" Não lemos a Bíblia só por entretenimento, embora ela seja cativante. Em vez disso, a Bíblia é a mensagem de Deus para nós, e ninguém sabe o que acontecerá quando as Escrituas são lidas ou ouvidas. Hebreus 4:12 diz: "A palavra de Deus é viva e eficaz, e mais afiada que qualquer espada de dois gumes; ela penetra a ponto de dividir alma e espírito, juntas e medulas, e julga os pensamentos e intenções do coração."

Antes de abrir a Bíblia, você pode falar antes: "Filho, estou prestes a abrir a Bíblia. Você está pronto? Ela é viva e não tenho certeza do que irá acontecer quando eu a abrir. Mas sei que esse livro é poderoso. Ele muda a nossa vida. Hoje pode ser o dia em que Deus me convença a pedir desculpas a alguém por algo que disse que foi doloroso. Ou talvez Deus fale comigo nos próximos minutos sobre algo importante que ele quer que eu faça. Hoje Deus pode revelar algum aspecto sobre seu amor por mim. Não sei o que ele vai falar para você ou para mim, mas estou prestes a abrir a Palavra de Deus para descobrir."

Ler a Bíblia é um momento de empolgação e expectativa. Às vezes, Deus simplesmente confirma seu amor ou nos lembra do seu caráter ou graça. Outras vezes, ele nos estimula a agir ou coloca um fardo em nossos corações para pensar de maneira diferente ou mudar algo no modo como vivemos. Você jamais saberá o que pode acontecer quando abrir a Palavra de Deus.

A palavra *devocional* em algumas famílias significa sentar-se à mesa e ler uma passagem das Escrituras. Embora algumas crianças achem essa abordagem proveitosa, é algo muito "de adulto" e nem sempre se leva em consideração o fato que Deus criou as crianças para serem animadas e simplórias. Por que não usar essa simplicidade a seu favor e a animação para ensinar a Palavra de Deus? Transmitir a fé para os seus filhos envolve compartilhar as Escrituas de um jeito que leve em conta o desenvolvimento e as necessidades deles.

Provavelmente, "momentos silenciosos" não seja a melhor forma de chamar seus devocionais. Você pode ter um momento silencioso como adulto para meditar sobre Deus e sua Palavra, mas para as crianças, a Hora da Família geralmente não é silenciosa. É animada, interativa e envolvente.

Uma mãe disse:

— Não podemos ter devocionais em família porque nossos filhos são muito bobos.

Eu (Scott) respondi:

— Você está dizendo que seus filhos são vivos e eficazes?

— Sim, esse é o problema, respondeu ela.

— Isso não é um problema. É uma vantagem. Na verdade, essas foram as mesmas palavras que a Bíblia descreve em Hebreus 4:12. A Bíblia é viva e eficaz.

Acrescente um pouco de criatividade aos seus devocionais e você será como Jesus, envolvendo as pessoas e transmitindo a fé para elas. Os adolescentes aproveitam as conversas lógicas envolvendo as passagens bíblicas, mas eles também as valorizam quando a lição é ilustrada de maneiras práticas. Por mais que pareça que os adolescentes não queiram estar com você, eles realmente querem saber o que os pais pensam e também querem que os pais saibam o que eles pensam.

Em uma família, o pai estipulou fazer um comentário sobre o livro de Provérbios com seus filhos adolescentes. Eles iriam ler um capítulo e então perguntar: "Qual versículo nesse capítulo podemos acrescentar a nossas páginas?" Eles identificariam um versículo sobre um assunto específico, tal como prestar atenção, dinheiro ou raiva; e então o pai diria: "Qual a lição que aprendemos com esse versículo?"

Espalhados sobre a mesa de jantar, estavam 25 diferentes pedaços de papel, cada um com um título no começo representando um assunto que dizia respeito ao livro de Provérbios. Havia páginas dedicadas à raiva, amigos, dinheiro, sabedoria, discurso e muitos outros assuntos. Um dos títulos da páginas era "A mulher imoral", e onde quer que fosse que Provérbios tivesse algo a dizer sobre aquele assunto, os meninos observavam e escreviam a lição aprendida. Eles estavam muito interessados naquele assunto e os diálogos sobre sexualidade e pureza moral causaram um impacto duradouro.

Aqueles comentários nunca foram publicados, embora pudessem ter sido um livro especial. Talvez teria se chamado *Comentários do livro de Provérbios, de um pai e de seus filhos*. Mas ele foi publicado no coração daqueles meninos. Eles aprenderam a amar a Palavra de Deus e a valorizar o livro de Provérbios e a sabedoria que o livro concede.

Quando você extrai regularmente algo da Bíblia para a vida familiar, ensina aos filhos uma lição muito importante: que as Escrituras são nossa autoridade na vida. A Bíblia é o padrão que devemos seguir e tem as respostas para enfrentar os desafios que encaramos todos os dias.

Ao longo dos últimos anos, houve uma explosão no número de Bíblias para crianças. Essas Bíblias contêm fotos, ilustrações e estilos de comunicação apropriados para cada idade. Elas envolvem as crianças com as Escrituras, ajudando-as a entender que a Bíblia é relevante para elas. É empolgante e prático para o cotidiano das crianças. O motivo para adquirir as Bíblias apropriadas para as idades de seus filhos é ensinar agora as Escrituras para eles e aplicá-las em suas vidas. Não é só um livro que acharão interessante quando se tornarem adultos.

A Bíblia é o padrão que devemos seguir e tem as respostas para enfrentar os desafios que encaramos todos os dias.

Um avô contou esta história: "Comprei uma Bíblia infantil para o meu neto de seis anos. Ele imediatamente a abriu na história de Moisés e da sarça ardente e começou a ler as palavras na página. Ele não conseguiu ler todas, então eu o ajudei, mas estava claro que era um texto projetado para as crianças que estão aprendendo a ler. Meu neto amou o fato de ter conseguido ler a Bíblia. Ele apertou forte aquele livro nos braços e disse: 'Esta é a minha Bíblia.'"

A Bíblia ajuda a se opor à mentalidade errada

Um dos objetivos que os pais possuem é mudar uma das crenças falsas que os filhos têm em seus corações. Por exemplo, algumas crianças acreditam em coisas como: "Quando meu irmão está me irritando, tenho o direito de dar um soco nele." Ou: "Se estou infeliz com as situações da vida, posso mostrar meu desgosto me queixando, reclamando ou tendo uma má atitude." Ou: "Minha ocupação nesta vida é me divertir e tudo que se pareça com trabalho dever ser evitado a todo custo." Essas crenças geram tensões nos relacionamentos familiares e as crianças precisam fazer algumas mudanças. É incrível quantas áreas da mentalidade de uma criança podem ser corrigidas ao olhar para a Palavra de Deus. O estudo da Bíblia é prático e as crianças aprendem lições preciosas sobre a vida diária quando os pais compartilham as Escrituras com elas.

Na família Jackson, o pai e a mãe estavam desanimados pela competição e comparação entre os filhos, Jamal, oito anos, e Desmond, nove anos. Eles sempre corriam para se sentarem no melhor assento do carro e queriam ter a primeria vez no computador. O pai e a mãe decidiram ler para eles a história dos dois homens na Bíblia que queriam o melhor assento. Marcos capítulo 10 conta a história. Tiago e João vieram a Jesus e disseram "Permite que, na tua glória, nos assentemos um à tua direita e o outro à tua esquerda." A resposta de Jesus a eles foi: "Quem quiser tornar-se importante entre vocês deverá ser servo; e quem quiser ser o primeiro deverá ser escravo de todos" (vv.43-44).

O pai e a mãe então criaram o "jogo inverso" para ilustrar essa verdade bíblica de um jeito divertido. Eles fizeram uma corrida para ver quem podia servir mais os outros em um período de cinco minutos e eles marcavam os pontos em um pedaço de papel. O pai disse para a mãe: "Só quero dizer como você é bonita." O pai fez um ponto. A mãe se levantou e começou a massagear os ombros do pai. Ela fez um ponto. Então os meninos se juntaram à brincadeira, primeiro com o pai e a mãe, e depois um com o outro. Jamal disse: "Desmond, você é muito bom no beisebol." Jamal fez um ponto. O jogo era agradável e, quando terminou o tempo, eles conversaram sobre o valor de servir e colocar os outros em primeiro lugar. Não foi somente uma experiência familiar divertida, mas também gerou uma mentalidade diferente para os meninos durante os próximos dias. O pai e a mãe puderam conversar sobre a atitude de servidão em vez de querer ser os primeiros ou os melhores.

O objetivo é transmitir a fé para as crianças, para que elas coloquem as verdades bíblicas em prática. As Escrituras criam raízes no coração da criança, equipando a consciência e guiando a motivação interna dela. Mas como a fé é desenvolvida na vida de uma criança? Deus dá a resposta em Romanos 10:17: "A fé vem por ouvir a mensagem, e a mensagem é ouvida mediante a palavra de Cristo." À medida que os pais abrem a Bíblia constantemente com seus filhos e conversam sobre as lições aprendidas pela Palavra de Deus, a fé da criança começa a crescer. É alimentada através de mais histórias bíblicas e pelas aplicações na vida da criança. Uma dieta constante das Escrituras supre as crianças de forma a pensarem nelas mesmas, em Deus e no propósito delas na vida.

As Escrituras criam raízes no coração da criança, equipando a consciência e guiando a motivação interna dela.

Se você vai ao médico, ele pode dar-lhe uma receita e dizer: "Tome esse remédio uma vez ao dia e volte para me ver em uma semana." Talvez você não melhore no primeiro dia, mas, ao final de um período de tratamento fiel e diário, a saúde é recuperada. Algo semelhante pode acontecer em nossas vidas espirituais quando nos afundamos na Palavra de Deus constantemente. A Bíblia não é um conserto rápido. Ela fornece soluções profundas e duradouras para a vida. Se, por exemplo, você está tendo problemas e desafios, você pode ler sobre Apocalipse 21-22 todos os dias por uma semana e ver qual o impacto que isso causa em seu coração. Meditar sobre o céu pode ajudar a colocar nossas mentes nas coisas espirituais e dar uma nova perspectiva sobre os desafios da vida.

Se seu filho tem um problema com egoísmo, então seria útil dar algum direcionamento sobre o conceito bíblico da honra. É importante tomar cuidado ao usar de forma exagerada a Palavra de Deus na correção, para que a criança não desenvolva uma imagem punitiva de Deus. Geralmente, apresentar as soluções da Palavra de Deus de uma maneira positiva dá aos filhos uma visão de algo melhor. Pode ser aquela memorização de Romanos 12:10: "Prefiram dar honra aos outros mais do que a si próprios." Ou Filipenses 2:3-4: "Nada façam por ambição egoísta ou por vaidade, mas humildemente considerem os outros superiores a si mesmos. Cada um cuide não somente dos seus interesses, mas também dos interesses dos outros." É a terapia que ajuda a trazer uma mudança positiva para seu filho.

A Palavra de Deus é relevante e cada área da vida familiar proporciona oportunidades para sua aplicação. A Bíblia contém os ingredientes secretos de que as crianças precisam para serem bem-sucedidas na vida, tanto agora quanto no futuro. É por isso que é tão importante para os pais passarem tempo aprendendo a Palavra de Deus por eles mesmos e então transmitirem as verdades para os filhos. Usar a diversão, a criatividade e os jogos ajuda as crianças a receberem a verdade.

O Desafio da Família incentiva a integração espontânea da Bíblia à vida, mas, ao aceitar o desafio, você também concorda com, no mínimo, um período agendado por semana. A Hora da Família agendada em vinte ou trinta minutos de devocionais divertidos pode abrir a porta para diálogos espontâneos e lições que poderão ser aplicadas nas semanas seguintes.

Considere aceitar o Desafio da Família. Agende um período regular uma vez por semana para transmitir intencionalmente a fé aos seus filhos. Enquanto você constrói o relacionamento, compartilha a Escritura e pratica a fé, verá a diferença em sua família. Seus filhos começarão a pensar e agir de forma diferente. É animador ver os filhos crescerem na graça de Deus. No centro do crescimento espiritual está a compreensão da graça de Deus. Seu comprometimento a Deus e à sua Palavra em sua família terá uma marca em você e em seus filhos pelo resto de suas vidas.

15

Praticar a fé ensina que ela é real

Se a compreensão da fé para as crianças é como aprender a dirigir, então a igreja é a sala de aula e o lar está ao volante.

A fé é prática. Ela resulta em ação. A fé é a base das nossas vidas, tanto das crianças como dos adultos. A fé não se resume às lições bíblicas aprendidas na igreja. Também não é só o incentivo que nos ajuda a atravessar o dia a dia. A fé é o fundamento sobre o qual construímos nossas vidas. Ela afeta tudo o que fazemos. É mais do que uma vantagem mental ou conhecimento intelectual. A fé é nossa vida. É por isso que Deus incluiu um terceiro ingrediente em Deuteronômio 6:8-9 para transmitir a fé às crianças. Praticar a fé significa que ela está integrada à vida, não só em uma leitura no momento do louvor ou em uma experiência devocional. Deus ordenou aos israelitas: "Amarre-as como um sinal nos braços e prenda-as na testa. Escreva-as nos batentes das portas de sua casa e em seus portões." Ou seja, integre-as a sua vida.

Às vezes, os pais cometem o erro de discursar muito para os filhos. Algumas crianças reagem bem a isso, mas, se seu filho é um aluno experimental, você vai desejar buscar meios para usar a experiência de vida para transmitir a palavra de Deus. A fé deve ser prática para que as crianças a compreendam. Os pais transmitem a fé para os filhos quando eles a praticam com as crianças. A vida cristã é mais do que palavras e ensino; é ação. Quando os pais colocam a fé em prática, ela começa a viver em seus corações. Quando os pais praticam a fé com os filhos, ela também começa a viver nos corações deles.

Tiago 2:14 pergunta: "De que adianta, meus irmãos, alguém dizer que tem fé, se não tem obras?" Nos versículos seguintes aprendemos a resposta: "Assim como o corpo sem espírito está morto, também a fé sem obras está morta." É importante testar sua fé aplicando-a regularmente em sua vida. A fé se desenvolve em quem nós somos.

A fé é o fundamento sobre o qual construímos nossas vidas. Ela afeta tudo o que fazemos.

Mas e se Deus não responder a oração do meu filho?

Quando você dedica tempo para orar com seus filhos sobre as situações da vida, eles querem ver o poder de Deus atuando. Você não tem que ficar preocupado se seus filhos ficarão desanimados se Deus nãos lhes der exatamente aquilo que pediram em oração. Por meio da oração, as crianças aprendem que Deus não é um gênio da lâmpada mágica. Ele é Deus. Ele não foi criado para o nosso benefício, para sermos felizes. Nós que fomos criados para ele e buscamos atender a sua vontade.

A prática da fé é feita de muitas maneiras e assume muitas formas. Pergunte-se como pratica a fé e então convide seus filhos para participarem com você. Quando um pai declara que está aprendendo a ser mais misericordioso e procura meios de ser assim com os outros, as crianças prestam atenção. Elas veem Deus realmente trabalhando no coração do pai. Quando uma mãe pede perdão por gritar com seu filho, ele vê Deus agindo no coração da mãe. A fé verdadeira em qualquer vida muda a maneira como vivemos. Ela afeta nossas ações e a forma como refletimos sobre a vida. As crianças se beneficiam ao verem esse tipo de fé em ação.

A transparência espiritual pode acontecer nas conversas normais da vida. Pode ser que no passado você tenha visto um lindo pôr do sol, sentido gratidão a Deus e feito uma oração mais elevada em admiração por sua criatividade e beleza. Mas isso foi feito em particular. Agora, você diz em voz alta: "Deus, que lindo pôr do sol fizeste." Você não está tentando conceber algo que não está lá. Só está revelando sua espiritualidade aos seus filhos.

Se voltarem para Deuteronômio 6:20-21, vocês verão uma das maneiras naturais de praticar a fé com seus filhos: utilizem as perguntas deles usando a fé e suas histórias espirituais. "No futuro, quando o seu filho lhes perguntar: 'O que significam esses preceitos, decretos e ordenanças que o Senhor, o nosso Deus, ordenou a vocês?' Vocês lhe responderão:..." A passagem continua para contar uma história espiritual. As crianças sempre fazem as perguntas: "Por quê?" "Por que tenho que fazer isso?" "Por que você está dizendo 'não'?" Assim como é certo fazermos perguntas educadas a Deus, é bom para nossos filhos aprenderem a fazer perguntas educadas para nós.

Quando as crianças fazem perguntas, sempre é um bom momento para compartilhar convicções, crenças e o legado da sua fé. Mesmo que tenha se convertido a Cristo recentemente, você pode compartilhar como ele é importante para você agora e como deseja servi-lo com todo o coração.

Você pode estar vivendo a Bíblia mais do que imagina

Suas regras familiares vêm de suas convicções, e muitas convicções vêm direto da Bíblia. Mesmo aquelas que nem sempre são exemplos do desejo de viver sua fé. Se você chama seu filho para o jantar e ele, sem querer interromper a atividade, diz: "Não estou com fome", você tem agora a oportunidade de ensinar sobre uma convicção que possui. A crença dele é que a hora da refeição é apenas para satisfazer seu apetite, e ele não está com fome; então ir até a mesa não é necessário. Por outro lado, você acredita que a hora da refeição é mais do que isso. Você quer sua família reunida, e o componente social da refeição é bem mais importante do que o alimento. Assim, seu momento de treinamento concede a aplicação prática de que seu filho precisa para vivenciar a fé. Suas convicções demonstram o valor dos relacionamentos familiares.

Você tem razões por trás das regras, e cada regra é uma demonstração das suas convicções. Você limpa a casa devido a um senso de liderança. Sua família não permite que os irmãos batam uns nos outros para resolver os problemas porque você quer ensinar bondade e mais formas construtivas de resolver os problemas. Você usa as boas maneiras para demonstrar respeito aos outros e tenta chegar aos lugares na hora marcada para mostrar sua integridade.

As crianças vivem as regras da família, que vêm de suas convicções. Muitas vezes, elas veem as regras e não o que está por trás delas. Essa é uma realidade que é bem dura para muitos adultos entenderem. Os diálogos constantes com seus filhos sobre as convicções por trás das regras sempre revelam como você está vivendo sua fé na vida diária. Então, as crianças podem entender a realidade do que significa amar a Deus com todo o coração, toda a alma, toda a mente, toda a força e amar o próximo como a si mesmo.

Você pode dizer para sua filha que está saindo: "Estarei orando por você hoje enquanto você tenta resolver o problema com seu amigo" ou para seu filho quando você vai para o escritório: "Filho, por favor, você poderia orar por mim? Não estou me sentindo muito bem e tenho uma reunião importante no trabalho." Esses tipos de orações confessam a necessidade por Deus e também demonstram que você está vivendo cada dia confiando na graça de Deus. Você crê que ele tem as respostas e que ele se importa com você nas necessidades diárias da vida.

Quando Jesus estava ensinando seus discípulos a orar, ele incluiu estas palavras: "Dá-nos hoje o nosso pão de cada dia" (Mateus 6:11). Essa frase indica a necessidade de chegar a Deus constantemente por sua provisão e cuidado. A oração não só muda os outros, mas ela também nos muda. Quando oramos por um vizinho zangado, geralmente nos vemos mais sensíveis às necessidades dele e mais pacientes quando nos relacionamos com ele. Quando os filhos oram porque têm um problema com um amigo ou pedem por força para atravessar um projeto difícil, eles veem Deus respondendo suas orações. Isso fortalece ainda mais sua fé.

> Você tem razões por trás das regras e cada regra é uma demonstração das suas convicções.

Orar em voz alta é um ministério para algumas pessoas

Alguns pais sentem-se desconfortáveis orando em voz alta. Eles geralmente veem a oração como uma atividade privada e sua fé como algo pessoal. Essas coisas são verdade, mas orar com os outros, principalmente com as crianças, é uma maneira ótima de permitir que os filhos sintam a graça de Deus. Uma mãe disse: "Percebi que estava limitando nosso crescimento espiritual familiar por causa do meu medo de orar em voz alta. Decidi superar essa dificuldade, e orar com meus filhos provou ser o campo de treinamento de que precisavam. Fui tão tocada pelas orações simples e verdadeiras dos meus filhos que fui capaz de orar em voz alta com eles. Agora me sinto bem mais confortável orando em um grupo de adultos quando surgem oportunidades. Percebi que não é ter as palavras certas. É unir meu coração a Deus.

Alguns pais desenvolvem o bom hábito de orar antes das refeições ou antes de dormir. Esses são exercícios ótimos para a fé, mas tome cuidado para que você tenha outros momentos para conversar sobre a oração e a Palavra de Deus. Você não quer que seus filhos creiam que Deus somente aparece na hora das refeições e na hora de ir dormir. Deus está sempre presente e procura avidamente ter um relacionamento conosco.

Um pai fazia o alarme de seu relógio tocar de hora em hora. Seus filhos perguntaram-lhe porque ele estava fazendo aquilo. A resposta foi: “Quero lembrar a mim mesmo de que meu tempo é o tempo de Deus; então, toda vez que o alarme toca, simplesmente faço uma breve oração, agradecendo pela próxima hora. Isso me ajuda a estar pronto para as interrupções que sempre acontecem aqui. Em vez de ficar chateado com elas, agora tento ver as interrupções como oportunidades de uma maneira ou outra e, às vezes, é a maneira de Deus de chamar minha atenção.”

Você não quer que seus filhos creiam que Deus somente aparece na hora das refeições e na hora de ir dormir.

Quando os filhos veem os pais tentando viver a fé, coisas boas acontecem. Isso não significa que devemos ser perfeitos. As crianças também podem aprender com nossa imperfeição. Dizer “desculpa” para uma criança demonstra humildade. Admitir que você está melhorando algo em sua vida, tal como ficar calmo sob pressão, é algo bom para as crianças verem. A família é o laboratório para o crescimento dos pais e dos filhos. Dar e oferecer a graça é uma demonstração de fé e ajuda as crianças a integrarem sua vida espiritual ao resto daquilo que elas são.

A fé em ação é servir os outros

Outra forma que os pais podem praticar a fé é servindo aos outros fora do círculo familiar. Doar dinheiro, tempo e energia pode ajudar as crianças a pensarem nos outros e não só em suas próprias necessidades. Em uma família, os pais atenderam ao desejo que o filho deles tinha de servir.

Esse jovem rapaz ouviu falar sobre a doença e o sofrimento na África e queria ajudar a fornecer água potável para as pessoas de lá. A família pediu permissão para montar uma mesa na igreja e levantou fundos para dar a uma organização que construia poços nas aldeias que não têm água limpa.

Procurar oportunidades para trabalhar em equipe para servir os outros é uma maneira prática de demonstrar a fé. É surpreendente como muitas crianças realmente desenvolvem uma motivação interna para agradar ao Senhor devido ao serviço significativo que fazem com suas famílias. Servir em uma instituição de caridade, visitar um asilo, enviar presentes a um missionário são maneiras de viver sua fé com seus filhos.

Às vezes, a família pode se tornar bastante autocentrada com tantas atividades, complicando a agenda. Embora as crianças se beneficiem com as atividade e os eventos, às vezes, elas desenvolvem a impressão de que a vida destina-se a elas, às suas necessidades, ao seu desenvolvimento e às suas realizações. É bom doar aos outros, e quanto mais cedo as crianças aprendem isso, melhor. Quando doamos dinheiro, tempo e talento, podemos nos desfazer de um pouco de nosso próprio egoísmo durante o processo. Doar é parte do plano de Deus.

Quando for planejar a Hora da Família, tenha cuidado para que ela não planeje você. Estar ocupado é uma das principais razões pelas quais os pais não gastam tempo transmitindo a fé aos filhos. Quando assumir o controle da sua agenda, permita um espaço de tempo que sempre pode ser usado de forma produtiva. Quando aceita o Desafio da Família, você reserva um período de tempo específico para o Senhor como família. Pode ser apenas vinte ou trinta minutos por semana, mas aquele tempo estratégico pode produzir um forte impacto na vida dos seus filhos. Além disso, você vai aprender a viver sua fé espontaneamente de maneira visível e prática. Assim, seja intencional ao transmitir a fé para os filhos através da construção do relacionamento, ao compartilhar as Escrituras e praticar a fé.

16

Prepare-se para a resistência

Se as crianças aprendem sobre a fé, elas acham interessante. Se elas aprendem como praticar a fé, elas veem que a fé é real.

A história de Marta é tão inspiradora que queremos compartilhar com você. Começar a Hora da Família em sua casa não foi fácil no início. Ela enfrentou muita resistência, mas ela fez várias coisas que a mantiveram focada. Sua persistência e trabalho árduo são admiráveis e incentiva a todos nós.

> Eu tenho quatro filhos, com 14, 11, nove e três anos; então meu primeiro desafio foi descobrir como fazer a Hora da Família com todos eles. Tento ter um horário bíblico agendado uma vez por semana e envolvo meu filho de 14 anos na liderança. Isso o mantém envolvido na maioria das vezes.
>
> Mas, ao longo do tempo, enfrentamos os desafios de estarmos ocupados, das más atitudes e do cansaço. Temos feito a Hora da Família, no entanto, há mais de dois anos e isso faz parte do que somos. Sentimos falta dos momentos juntos quando outras

> coisas surgem. Estou satisfeita com nosso progresso, mas é um desafio constante fazer da interação espiritual em nossa família uma prioridade.

A liderança assume muitas formas e faces. Se você está tentando transmitir a fé aos filhos, então você está exercendo a liderança espiritual em sua casa. Se você é homem, mulher, avô, pai adotivo, mãe adotiva ou padrasto ou madrasta, você pode ter um impacto significativo sobre o crescimento espiritual das crianças sob seus cuidados.

Alguns pais, no entanto, ficam desanimados na posição de liderança, o que resulta em uma perda da determinação e da energia para realizar a tarefa. O objetivo deste capítulo é ajudá-lo a resolver esse desânimo antes que ele apareça. Todos os líderes sofrem resistência. Se você estiver pronto, será capaz de perseverar, principalmente quando as coisas ficarem difíceis.

A graça de Deus é poderosa

Marsha continuou:

> A maior forma de incentivo vem da graça de Deus trabalhando em mim e através de mim. É importante para mim estar constantemente sob a cachoeira da graça de Deus, principalmente em tempos de necessidade. É incrível como uma vida de oração consistente, ler constantemente a Palavra e o incentivo de outros cristãos tornam-se condutores da graça de Deus para ajudar em tempos de pressão. Muitas vezes Deus concede recursos espirituais quando as reservas emocionais estão baixas.

Agradecemos a honestidade de Mara e a transparência espiritual. A realidade é que, muitas vezes, a resistência vem de três fontes diferentes. Reconhecer a causa pode direcionar suas orações e prepará-lo para perseverar mesmo após ter sentido vontade de desistir. A primeira fonte de resistência vem de dentro de você. As boas intenções geralmente implicam um começo forte em uma nova iniciativa, mas não demora muito até a novidade desaparecer e começar o trabalho árduo. É nesses momentos que as convicções são postas à prova. Uma variedade de questões internas pode atrapalhar a eficácia, por isso é importante estar preparado antecipadamente para solucioná-las.

Antes de começar a liderar, seria útil para você definir metas razoáveis e anotá-las. Um objetivo claramente definido e prático é necessário para mantê-lo nos trilhos quando você enfrentar as lombadas ao longo do caminho. Por exemplo, você pode resolver ter a Hora da Família uma vez por semana, de vinte a trinta minutos, e procurar ter pelo menos mais duas conversas espontâneas com seus filhos. Mantenha um registro de seu progresso. Se você perder uma semana, resolva fazer melhor na semana seguinte. É incentivador e motivador olhar de novo o diário e ver o sucesso que teve no passado.

Na primeira página do diário, escreva o seu plano, mas também anote algumas das razões pelas quais está fazendo isso. Marsha escreveu isso em seu diário: "Meu plano é organizar a Hora da Família toda semana e procurar ter uma conversa espiritual todo dia com pelo menos um dos meus filhos. Eu quero fazer isso por três razões. (1) Acredito que o sucesso dos meus filhos é, em grande medida, determinado pela sua força espiritual. (2) Eu amo Deus e quero servi-lo em meu lar. (3) Quero servir de modelo de espiritualidade e permitir que minha família me cobre espiritualmente por meu próprio crescimento." Quando Marsha lia essas palavras várias vezes por semana, ela era constantemente lembrada de seus motivos e encontrou um incentivo para continuar.

A resistência da sua família

A segunda fonte de resistência vem das outras pessoas na sua família. Entretanto, o problema nem é muito o seu companheiro ou seus filhos. Tem a ver com as suas expectativas. A mudança leva tempo. No caso da Marsha, seu marido trabalhava muito e não podia participar muito frequentemente. Quando ele estava em casa, ela tentava fazê-lo se envolver, mas na maior parte do tempo ela assumia o desafio de liderar a família. Seu marido apreciava isso, e ele a apoiava e participava quando podia. Marsha aceitava qualquer iniciativa que ele tivesse nos relacionamentos espirituais da família e o incentivava a ser um líder espiritual em casa.

> As coisas acontecem. Então, estabeleça sua meta, mas seja flexível em suas expectativas.

Além disso, para que os pais estejam na mesma sintonia, é importante entender que os filhos têm suas próprias ideias do que eles querem fazer com seu tempo e sua energia. A vida nem sempre sai como o planejado. As coisas acontecem. Algumas semanas irão fluir mais facilmente do que outras. Se você está sofrendo a resistência dos seus filhos frequentemente, precisa mudar sua abordagem. Talvez em seu lar uma Hora da Família à noite não seja o melhor. Um pai nos contou que, quando mudou a atividade para os domingos de manhã, seus filhos ficaram mais receptivos.

Por outro lado, a resistência por parte da criança é uma indicação de egoísmo e exige um pouco de disciplina e treinamento. Uma criança pode tornar o que poderia ter sido uma ótima experiência familiar em um momento de repreensão por causa de uma má atitude ou do egocentrismo. A flexibilidade na educação dos filhos contribui para o sucesso. Faça a disciplina necessária, e então volte mais tarde ou em outro dia para a Hora da Família. Às vezes, o melhor diálogo da semana pode ocorrer durante a disciplina, então lembre-se de que os seus planos podem não ser a única maneira para Deus trabalhar em uma dada situação ou em um dia.

A batalha espiritual é real

O terceiro tipo de resistência vem na forma de ataque espiritual. Sabemos que Satanás atrapalha o progresso da família de várias maneiras. Efésios 4:26-27 diz: "Quando vocês ficarem irados, não pequem. Apaziguem a sua ira antes que o sol se ponha, e não deem lugar ao diabo." Problemas emocionais são geralmente uma das ferramentas que Satanás usa para impedir o progresso espiritual, mas esse é somente um dos seus esquemas. Ele ama sabotar o progresso, matar o crescimento espiritual e atrapalhar a intimidade na família. A melhor maneira de lutar contra os ataques de Satanás é usar os recursos espirituais dados pelo próprio Deus, incluindo a oração e a verdade da sua Palavra.

Não permita que o desânimo atrapalhe seu progresso. Espere resistência dos filhos e esteja preparado para ela. Sua atitude pode fazer toda a diferença. Quando você baseia sua motivação em suas convicções em vez de basear nos resultados, você é capaz de fazer o que precisa ser feito até mesmo quando as coisas ficam difíceis.

Jared contou esta história:

> Eu sei que Deus quer que eu seja o líder espiritual do meu lar. Minha esposa e eu estipulamos preparar lições divertidas e interessantes nos horários das refeições e logo antes de irmos para a cama. Correu tudo bem nas primeiras noites, mas me vi em um período em que tive que trabalhar até tarde, e por vários dias seguidos não fomos capazes de nos relacionar com nossos filhos do jeito que queríamos como família. Minha esposa tentou fazer sozinha, mas ela achou bem mais difícil sem mim.
>
> Eu chegava em casa cansado, ou levávamos nossos filhos ao beisebol até tarde; então, as coisas simplesmente não aconteciam como planejadas. Minha esposa e eu decidimos tentar uma abordagem diferente por um tempo. Mudamos as atividades para a tarde após a igreja e enviamos cada uma das nossas crianças em uma missão de manhã para trazer para a nossa família uma lição aprendida que eles poderiam compartilhar conosco. A mudança na abordagem funcionou e os nossos filhos ajudaram a conduzir nossas Horas da Família. Quando a nossa agenda se estabeleceu novamente,

> fomos capazes de voltar para as nossas discussões do jantar e da hora de dormir. A diversidade foi necessária para a nossa agenda e também manteve a Hora da Família como algo novo e interessante.
>
> Um dos benefícios que encontramos é que nossos filhos estavam interagindo mais espontaneamente conosco. Eles pareciam estar criando horários espontâneos com base nos nossos momentos agendados. A hora da família nem sempre acontece no mesmo horário, mas ela acontece. Isso é algo importante para nós. Estamos vendo Deus agir em nosso casamento e em nossos filhos e estamos convencidos de que uma das coisas que está fazendo nossa família ser mais forte é a nossa determinação de crescer espiritualmente.

Jared e sua família serão bem-sucedidos. Não é necessariamente uma técnica que faz crescer a intimidade espiritual. É a atitude geral de compartilhar espiritualmente. É importante, em meio às nossas vidas ocupadas, termos certeza de que há um comprometimento com relação a isso.

Seguir em frente

Algumas crianças parecem ser mais espiritualmente receptivas do que outras, até na mesma família. Marsha nos contou esta história:

> Meus dois filhos amam os nossos devocionais e parecem ansiosos para se juntar a nós quando oramos e lemos a Bíblia. Mas a minha filha, Kaylie, é mais resistente. Fico triste em ver a mente dela divagando durante nossos momentos ou vê-la querer dar prosseguimento a outras coisas que parecem ser mais importantes para ela.
>
> Tive que fazer um trabalho extra para tentar me relacionar com Kaylie espiritualmente. Já que ela ama passar tempo comigo, achei que seria uma oportunidade para interagir. Ela corresponde mais em particular, mas não vejo o mesmo entusiasmo que vejo em meus filhos.

Contudo, no outro dia, tive um vislumbre de esperança quando a professora da igreja me contou uma história encorajadora. Ela me disse que Kaylie corrigiu um aluno amigo e se posicionou pelo o que é certo quando uma das outras meninas estava sendo malvada com a amiga. Tínhamos conversado em casa sobre a mesquinhez e o valor dos amigos, então o relato confirmou que algo tinha causado de verdade um impacto em Kaylie. Tenho a sensação de que terei que dar mais tempo ao crescimento espiritual de Kaylie do que ao dos meninos. Estou reconhecendo mais e mais que educar os filhos é uma caminhada de fé e que não posso controlar o resultado final. Sou somente uma das ferramentas que Deus usa para influenciar meus filhos. Estou honrada de ser parte do que ele está fazendo em meus filhos e quero encontrar mais e mais formas de fazer bem a minha parte.

Sendo uma influência divina

Marsha tem razão. O trabalho que você faz como pai ou mãe não serve para controlar as crianças ou estipular de forma mágica um resultado. Você só está influenciando os seus filhos para os propósitos de Deus. É Deus quem finalmente muda os corações dos filhos. Mas o trabalho diário que você faz com as crianças prepara o solo para as sementes crescerem. Sua fidelidade diante daquilo que parece ter pouco progresso é frequentemente a ferramenta que Deus usa para oferecer um forte testemunho na vida do seu filho, que será lembrado nos anos vindouros.

Então, quando os ventos da resistência soprarem em sua vida, fique firme, seja fiel e faça o que Deus quer que você faça, seja qual for a resposta. Lembre-se, sua função principal é servir a Deus seja qual for o preço. Gálatas 6:9 diz: "E não nos cansemos de fazer o bem, pois no tempo próprio colheremos, se não desanimarmos." Mesmo quando os resultados não parecem ser óbvios, Deus está trabalhando. Se tudo sempre acontecesse do jeito que você queria, então você não precisaria da fé. Educar os filhos é uma das maiores caminhadas da fé que alguém pode fazer. Os resultados geralmente são vistos em anos futuros. O ponto mais importante é que você obedece a Deus e você faz o que ele o chamou para fazer.

> Lembre-se, a sua função principal é servir a Deus seja qual for o preço.

Todo pai e toda mãe são líderes espirituais no lar. Os maridos e pais possuem aquele papel de liderança especial, dado por Deus, mas isso não significa que a mãe tenha de ficar de braços cruzados e somente apoiar ou aguardar a liderança dos maridos. Geralmente, é a iniciativa da esposa que leva o marido a perceber que o treinamento espiritual é sensato, divertido e significativo.

Também é surpreendente quanta influência os avós, os padrastos, ou os pais adotivos podem ter no desenvolvimento espiritual de uma criança. A perseverança é essencial. O seu entusiasmo com Deus é contagiante. As crianças estão se desenvolvendo moral e espiritualmente e sua influência é sempre importante. Você pode passar uma herança divina para os filhos em sua vida, seja qual for o seu papel na família, mas isso exige uma iniciativa constante. Quando você tem uma forte convicção e um compromisso em seu coração que diz que Deus quer que você exerça a influência espiritual na vida deles, você ajudará a passar o legado para o futuro.

Não pule o próximo capítulo pelo fato de seu filho já ter feito um compromisso com Cristo. Um diálogo infantil é poderoso, mas ele deve ser cultivado, ou as crianças sentem como se tivessem crescido sem a fé. Um relacionamento com Cristo é algo dinâmico e não somente um acontecimento na história de alguém. Busque meios de cultivar a fé dos seus filhos e a experiência com Cristo será permanente.

17

Conduzindo uma criança a Cristo

A influência mais importante no coração de uma criança não é a educação. É a salvação.

— Deus não possui netos, disse a mãe para o seu filho de 11 anos.

— O que isso significa? — perguntou ele, curioso.

A mãe usou a pergunta para iniciar o diálogo novamente sobre a importância de um compromisso pessoal com Cristo. Ela continuou:

— Isso significa que cada pessoa, jovem ou idosa, deve buscar Jesus e fazer um compromisso pessoal com ele.

Quantos anos uma criança deve ter para fazer esse compromisso? O que isso acarreta? E se a criança não entender com quem ele ou ela está se comprometendo de verdade? Todas essas perguntas são boas e importantes para levar em conta conforme ajuda seu filho a fazer um compromisso pessoal com Jesus.

A consciência leva uma pessoa à salvação

A consciência propicia uma sensibilidade ao que é certo e ao que é errado. A iniciativa dá para as crianças o caráter necessário para reagir aos estímulos da consciência e do Espírito Santo. O mais importante dos estímulos é o chamado para aceitar Jesus Cristo como seu Salvador pessoal. A maior iniciativa que alguém pode tomar é seguir Jesus. A forma mais eficaz de motivação interna é agradar a Deus. Todas as pessoas, jovens ou idosas, podem se colocar na história bíblica de Jesus caminhando à beira do mar da Galileia. A Bíblia relata em Marcos 1:16-18: "Andando à beira do mar da Galileia, Jesus viu Simão e seu irmão André lançando redes ao mar, pois eram pescadores. E disse Jesus: 'Sigam-me, e eu os farei pescadores de homens.' No mesmo instante eles deixaram as suas redes e o seguiram." Toda criança pode fazer essa decisão pessoal de seguir Cristo, estimulado pela graça de Deus e pela atração do Espírito Santo no coração delas.

Romanos 10:9 dá uma dica útil de como uma pessoa é salva: "Se você confessar com a sua boca que Jesus é Senhor e crer em seu coração que Deus o ressuscitou dentre os mortos, será salvo." Dois ingredientes essenciais formam a base da salvação. Um deles é uma declaração visível e a outra é um compromisso interno. Muitos filhos tomam a decisão por Cristo quando são crianças. De fato, pessoas que crescem em um lar servente a Cristo não conseguem identificar o momento específico em que se comprometeram ao Senhor. Elas cresceram nessa compreensão da fé e continuam servindo-o apaixonadamente com todo o coração. Outros filhos conseguem se lembrar de um momento específico quando Cristo se tornou bem real para eles e lembram a oração que simbolizou a experiência de conversão deles.

Fazer a oração do pecador é um meio claro de expressar a necessidade de alguém por salvação e o desejo de convidar Deus para habitar seu coração. Quando o filho está pronto para fazer tal oração, você pode incentivar esse momento, marcar no calendário e comemorar. Mas uma oração por si só não é suficiente. Às vezes, as crianças são pegas pela emoção e fazem uma oração para a qual não estão prontas. A fé é cultivada ao longo do tempo, e o compromisso diário com Cristo e o ensino constante do que significa servi-lo produzem grandes passos na mudança do coração.

Um homem, refletindo sobre o seu desenvolvimento espiritual, relata sua história desta forma: "Quando tinha três anos, entreguei meu coração a Jesus Cristo. Eu lembro o local e a hora exata. Eu estava no clube bíblico para crianças e estávamos ouvindo uma história sobre a necessidade de ser parte da família de Deus. Nossa aula era no sobrado do coral da igreja. Fui tocado pela história, e, quando o líder perguntou quem queria aceitar Jesus, eu respondi. O líder me conduziu em uma oração, e foi isso. Não me lembro de mais detalhes. Mas olho para trás naquela decisão como minha experiência de conversão. Desde então, fiz outros compromissos com Cristo em meu coração, mas a experiência de conversão quando criança foi o ponto de partida que considero meu despertar espiritual."

Às vezes, as crianças são pegas pela emoção e fazem uma oração para a qual não estão prontas.

As crianças entendem a salvação de forma diferente em cada estágio de desenvolvimento

Conforme as crianças atravessam os estágios de desenvolvimento, a capacidade de compreensão delas aumenta. É óbvio que uma criança de três anos não consegue entender a expiação, a crucificação e o preço do discipulado. Mas as crianças mais novas podem confiar, sentir a culpa do pecado e desejar ser parte da família de Deus. Na verdade, os adultos podem fazer de um diálogo uma experiência bem complicada. Foi Jesus quem tentou ir contra o sistema religioso criado pelos fariseus e ensinar a seus discípulos sobre o coração. Em Marcos 10:15 está escrito: "Digo-lhes a verdade: Quem não receber o Reino de Deus como uma criança, nunca entrará nele."

A fé inocente é necessária para todos, jovens ou idosos, para receber a salvação. Simplesmente confiar em Jesus e ter a disposição de segui-lo e convidá-lo para habitar no coração são as essências da salvação. Conforme crescem e se desenvolvem, as crianças aprendem mais sobre o que implica aquele compromisso.

O pastor contou sua história:

> Eu me converti ainda criança e, com a ajuda dos meus pais e um bom programa para crianças na minha igreja, minha fé foi cultivada durante muitos anos. Mas lembro que, quando tinha 14 anos, um líder da juventude desafiou minha fé pessoal de uma nova forma que eu não tinha vivenciado anteriormente. Naquele momento, sabia que precisava me comprometer com Cristo de novo. Não é que o meu primeiro compromisso tivesse sido inútil, mas aos 14 anos eu compreendi mais sobre o que Cristo queria para mim e eu queria aceitar o desafio. A história continuou quando, anos depois, eu fui para o seminário e assisti uma aula inteira sobre soteriologia, o estudo da salvação. Durante aquela aula, eu desenvolvi uma valorização tremenda do que Deus tinha feito por mim através de Cristo. Lembro de dizer a mim mesmo: "Uau! Eu não sabia de nada disso quando eu era criança e fiz o compromisso. Eu espero ter sido realmente salvo naquela época." Então percebi que em vários momentos da minha vida passei a admirar mais a Deus e, em cada momento de descoberta, correspondia a Deus novamente. Não é de um conhecimento muito profundo que alguém precisa para a salvação. É da sensibilidade do coração humano.

Algumas crianças que se decidem por Cristo desejam, mais tarde, dedicar novamente suas vidas a Deus. Geralmente, isso acontece porque elas se sentem como se tivessem se distanciado dele por um período e então querem se reconciliar. Essas são decisões boas que os pais podem cultivar. Isso não significa que a decisão anterior tenha sido inadequada. É somente um sinal de uma dedicação crescente e de uma consciência espiritual. É claro, algumas crianças dizem as palavras certas ou fazem uma oração quando elas são jovens e isso não foi um compromisso de coração de verdade. Essas crianças se beneficiam pessoalmente com uma experiência de um novo compromisso com Jesus.

A salvação é tanto um fenômeno como um processo. É um fenômeno porque há um momento particular quando a pessoa se compromete com Cristo. Alguns podem não se lembrar do dia exato, mas já havia um sentimento de desejo e compromisso anteriormente. A salvação também é um processo. Ninguém pode confiar numa oração passada como a única declaração de sua espiritualidade. O crescimento ocorre com o passar do tempo. Se uma criança não está servindo a Jesus ou não possui a sensibilidade para as coisas espirituais, então é possível que outra experiência de conversão de algum tipo irá acontecer.

Um pai deu a ideia de seguir a Cristo para o seu filho de 13 anos dessa maneira:

— Filho, você já ouviu Deus chamando você?

— O que você quer dizer? — Seu filho pareceu confuso.

— A Bíblia diz que Deus nos chama. Não é só uma decisão que fazemos uma vez em nossas vidas, mas o chamado de Deus oferece uma visão futura. Filipenses 3:14 diz: "Prossigo para o alvo, a fim de ganhar o prêmio do chamado celestial de Deus em Cristo Jesus." Deus certamente nos chamou para confiar nele como nosso Salvador, mas ele ainda está nos chamando para viver a vida da graça. Gosto de pensar em Deus guiando-me pelo caminho ou me dando um mapa que direciona meus movimentos constantemente ao longo dos meus dias da semana. Deus é como o nosso GPS, direcionando-nos ao longo do dia.

Naquela semana, o pai se esqueceu da conversa, mas o seu filho voltou a ele dizendo:

— Acho que Deus está me chamando para ser um jogador profissional.

O pai sorriu e respondeu:

— Estou feliz por você estar ouvindo o Senhor, filho. Eu não sei se ele fará de você um jogador profissional ou não, mas se ele o fizer, como você irá servi-lo nessa profissão?

A questão importante para o pai foi que o diálogo continuou. Se o esporte profissional está no futuro do seu filho ou não, isso não é o item mais importante. Em vez disso, aprenda a ouvir a Deus e confie que ele proverá o direcionamento a longo prazo necessário para seu filho.

Um problema acontece quando os filhos, ou os seus pais, confiam demais em uma oração ou em uma experiência espiritual passada em vez de viver para Jesus atualmente. O estilo de vida que escolhe servir a Jesus exige comprometimento constante e pode ser cultivado na vida familiar na medida em que os filhos progridem nos estágios de desenvolvimento. Uma criança pode se comprometer a Cristo nos anos da pré-escola e então aprender coisas novas durante os anos do Ensino Fundamental que aumentam a fé. A dedicação constante da vida de alguém é necessária durante esses anos à medida que um novo entendimento ocorre acerca do que significa servir a Jesus e o que é a salvação. O mesmo é verdade quando as crianças chegam aos anos da adolescência. Os pais podem fazer muitas coisas para ajudar os filhos, para trazer a fé deles para a adolescência em vez de deixá-la na infância. Quando as crianças iniciam a maioridade, elas irão precisar de direção para carregar a fé com elas.

É importante cultivar a fé da criança ao longo dos anos

O desenvolvimento intelectual, emocional e espiritual leva as crianças para novas formas de mentalidade a respeito de Deus e da vida cristã. A sua interação com os seus filhos sobre as coisas espirituais nos vários estágios de crescimento os ajudará a ver que a fé é essencial e não infantil. Quando as crianças integram a fé a suas vidas durante os múltiplos estágios de desenvolvimento, essa fé infiltra-se mais profundamente no coração humano.

De acordo com Romanos 10:9, mencionado anteriormente, a salvação possui dois componentes: a confissão e a crença. Os pais são muito úteis em ajudar os filhos a entenderem as verdades fundamentais que fazem a salvação necessária e possível. As crianças podem entender o pecado, a culpa e o perdão. Elas podem entender o amor, o sacrifício e o pertencimento a uma família. À medida que os filhos ficam um pouquinho mais velhos, eles podem entender como é verdadeiramente grande o sacrifício do amor de Deus e como o pagamento do nosso pecado é um dom importante e necessário. Algumas crianças são motivadas a buscar Cristo devido ao medo do inferno, outras porque querem ir para o céu quando morrerem. Outras querem fazer parte da família de Deus assim como a mãe e o pai. E outras estão tão cheias de gratidão pela provisão de Deus com a salvação que são atraídas para um compromisso pessoal.

A consciência desempenha um papel importante no processo da salvação. Geralmente é o estímulo que aumenta o desejo pela salvação no coração de uma pessoa. Uma criança pode sentir culpa e reconhecer a necessidade de um Salvador. Ou ela pode simplesmente querer fazer o que é certo e a salvação é um dos passos que ela considera importantes. Algumas crianças querem fazer parte e são estimuladas pela necessidade da consciência de se importar com os outros. Cada pessoa é diferente, mas a consciência influencia no desejo de buscar Cristo. Hebreus 10:22 descreve o que acontece com a consciência de quem é salvo: "Aproximemo-nos de Deus com um coração sincero e com plena convicção de fé, tendo os corações aspergidos para nos purificar de uma consciência culpada e tendo os nossos corpos lavados com água pura." A experiência da salvação toca o coração de tal maneira que afeta até a consciência do indivíduo.

A consciência desempenha um papel importante no processo da salvação.

Conforme lida com seus filhos, você vai desejar ensiná-los sobre Deus e sobre o seu plano, e ao mesmo tempo incentivá-los a se decidirem por Deus. É uma decisão pessoal e o compromisso mais importante que alguém pode fazer.

Guiando os filhos para confiar em Cristo como Salvador

Você nunca sabe quando Deus fará uma obra importante no coração do seu filho. Pode acontecer durante ou após uma crise, após um momento de aprendizado significante na igreja ou enquanto ele está simplesmente prestando atenção a uma história bíblica e ouve uma pergunta pessoal. Mas, eventualmente, sua oração para que seu filho convide Jesus a entrar em seu coração será respondida com um "sim". Quando isso acontecer, o que você vai fazer? Aqui estão alguns itens importantes para lembrar enquanto conduz o seu filho a Cristo.

1. *Tenha uma atitude acolhedora, incentivadora e empolgante.* Os pais que usam o medo para motivar os filhos sempre atrapalham o desenvolvimento espiritual devido a uma má compreensão de Deus. Se seu filho está aceitando Jesus para evitar o inferno, tudo bem, mas você vai querer enfatizar o amor e a provisão de Deus em qualquer diálogo sobre o pecado e o mal.
2. *Ore.* Você quer que seu filho converse diretamente com Deus. Você pode dizer: "Estou feliz por você convidar Jesus para a sua vida. Vamos orar. Você pode fazer isso agora mesmo." Se o seu filho ficar indeciso ou não souber o que dizer, você pode fazer a criança repetir com você ou só instruir seu filho dizendo algo do tipo: "Por que você não fala com Deus? Apenas diga que sabe que é um pecador, que é grato por Jesus ser seu Salvador e que você quer convidar Jesus para morar dentro do seu coração." Geralmente, as crianças fazem as orações mais

meigas quando lhes é dada a chance de falarem sozinhas com Deus.

3. *Cultive esse compromisso.* Faça seu filho compartilhar com os outros. Converse sobre o que significa seguir Jesus agora a partir das pequenas coisas da vida. Leia a Bíblia e busque aplicações práticas nas histórias para demonstrar mais adiante uma vida que serve a Jesus. Parte do que você está fazendo é ajudar seu filho a desenvolver uma identidade como um seguidor de Cristo.
4. *Continue procurando por momentos espirituais sensíveis e incentive um compromisso maior com Cristo.* Embora uma decisão seja significativa, a submissão constante a Deus é necessária para todos. Você pode até falar sobre seu próprio desejo e necessidade da companhia de Deus, sobre a confissão do pecado e a dependência do Espírito Santo na sua vida.

Batismo e comunhão

Batismo e comunhão são privilégios que pertencem ao povo da aliança de Deus. Converse com seu filho sobre o que elas significam e por que são importantes. Um pai disse: "Toda vez que celebramos a Ceia do Senhor em nossa igreja, faço os meus filhos se sentarem comigo. Eu lhes digo que não podem participar da comunhão a menos que eles estejam perto de mim para que possamos celebrar como uma família. Não é hora de brincar, mas um momento sério de lembrar o sacrifício de Cristo pelo nosso pecado. Meus filhos cresceram no entendimento da comunhão e é um momento especial para eles."

Ajudar os filhos a terem uma fé pessoal em Jesus Cristo é uma parte importante do desenvolvimento deles. Para algumas crianças esse compromisso é mais fácil do que para outras. O seu diálogo sobre a fé e a prática dela em seu lar irá preparar os corações deles para uma decisão em certo momento. Pratique a espiritualidade regularmente ao fazer a criança orar, ler a Bíblia e servir a Deus antes mesmo de ter expressado esse compromisso pessoal. Ensinem-os diariamente a seguir Jesus e esse treinamento irá preparar o caminho para eles escolherem sozinhos. Converse sobre a importância de cada pessoa fazer uma decisão por Cristo. Ninguém vai ao céu por causa da fé de um amigo ou pelo amor dos pais. A salvação ocorre através da fé pessoal em Jesus Cristo como Senhor e Salvador.

Lembre-se de que Deus é aquele que atrai o indivíduo para ele mesmo. É a graça de Deus, inclusive, que permite que o indivíduo tenha o desejo de ser salvo. É por isso que é tão importante orar pelo seu filho. Orar por aquele momento de compromisso pessoal. Ore pelo coração maleável e pela sensibilidade à obra do Espírito Santo. E ore para que Deus lhe dê sabedoria para fazer sua parte no desenvolvimento espiritual do seu filho.

Mas escolher Jesus como o Salvador de alguém é apenas um passo do crescimento espiritual e ele não é nem o primeiro. Muitas interações espirituais e muito ensino e treinamento geralmente acontecem antes que a decisão aconteça. Uma vez que a criança faz o compromisso com Cristo, ainda há muito trabalho para se fazer nas áreas do discipulado e da prática da fé. Mas enquanto cultiva o crescimento espiritual do seu filho, você tem um poderoso aliado. Iremos discutir isso no próximo capítulo.

18

As crianças e o Espírito Santo

A consciência e o Espírito Santo estão dentro do coração dos filhos de Deus. A primeira irá estimulá-lo a fazer o que é certo. O segundo irá fortalecê-lo para fazer o que é certo.

Lance, de 14 anos, tinha problemas com ansiedade. Ele descreveu seu problema assim: "Eu me preocupava muito com a segurança da nossa casa. Eu conferia as portas e as janelas várias vezes ao dia. Eu sabia que isso era um problema e eu queria mudar."

As palavras "eu quero mudar" eram simplesmente o que a mãe estava esperando. Ela entrou em contato com um conselheiro cristão local e os três decidiram trabalhar juntos no problema. Após vários meses de trabalho, Lance e sua mãe foram incentivados por uma melhora tremenda.

Quando perguntaram: "O que mais o ajudou?", Lance respondeu: "Foi uma compreensão maior sobre a obra do Espírito Santo na minha vida. Eu costumava pensar que o Espírito Santo estava vivendo em mim; porém, quieto e parado em algum canto. Agora percebo que meu corpo é o seu templo e ele está se movendo de forma ativa em mim. Os versículos sobre o fruto do Espírito foram úteis porque percebi que Deus me dá paz, amor e alegria, e ele me dá quando eu permito a ele que o faça. Então, tenho permitido mais que ele faça isso. Sinto como se existisse uma fábrica dentro de mim onde Deus quer que boas sensações sejam produzidas e substituam as más sensações. Quando eu me concentro mais no que o Espírito Santo quer de mim, isso simplesmente me dá algo que eu não possuía antes."

Eu costumava pensar que o Espírito Santo estava vivendo em mim; porém, quieto e parado em algum canto.

Uma criança pode ser cheia do Espírito Santo? Essa é uma ótima pergunta, e a resposta irá nos levar a uma nova dimensão de fortalecer os filhos com um senso de motivação interna, uma dimensão sobrenatural. Ensinar às crianças sobre o Espírito Santo e treiná-las para confiar nele pode ajudá-las a vencer todos os tipos de desafios.

Primeiro, vamos começar fazendo uma distinção entre a maturidade espiritual e a espiritualidade. A maturidade espiritual é contínua. Você sempre pode encontrar alguém mais ou menos maduro espiritualmente do que você. A maturidade espiritual envolve a capacidade do indivíduo de confiar em Deus em situações desafiadoras; lidar com as tentações, emoções e desejos e utilizar as verdades bíblicas na vida diária. A maturidade espiritual cresce ao longo do tempo quando alguém conhece a Deus, corresponde à sua liderança e aplica a verdade bíblica como um estilo de vida. Os filhos podem desenvolver sozinhos a maturidade espiritual através da oração, do estudo bíblico, do serviço e então serem direcionados na vida cristã.

Entretanto, a espiritualidade é diferente e simplesmente significa ser cheio do Espírito. Na verdade, qualquer pessoa pode ser tão espiritual quanto outra em qualquer momento. A espiritualidade não é algo volátil, mas, sim, um tudo ou nada. Você não pode ser só um pouco cheio do Espírito. Ou você está ou não está cheio neste exato momento. Ser cheio do Espírito significa que você está cultivando seu coração para Deus agora mesmo.

Imagine dois círculos. Um representa ser cheio do Espírito e o outro representa ser "mundano" ou "carnal". 1Coríntios 3:1 diz: "Irmãos, não lhes pude falar como a espirituais, mas como a carnais, como a crianças em Cristo." A qualquer momento, ou você é controlado pelo Espírito ou é controlado pela carne. Muitas coisas boas podem ser feitas na carne, mas há algo poderoso em ser direcionado pelo Espírito Santo. O versículo continua descrevendo o nível de maturidade espiritual deles como sendo "crianças em Cristo." A realidade para todos é: quanto mais você vive fortalecido pelo Espírito, mais cresce espiritualmente.

Uma pessoa que é cheia do Espírito Santo é alguém que, naquele momento, permite que o Espírito lidere. Quando os indivíduos tomam o controle de suas próprias vidas, eles estão agindo na carne, no estado que a Bíblia chama de "mundano". É por isso que Efésios 5:18 diz: "Não se embriaguem com vinho, que leva à libertinagem, mas deixem-se encher [*constantemente*] pelo Espírito." A palavra *constantemente* foi acrescentada aqui, mas está implícito no tempo verbal usado no versículo. Qualquer um que queira ser cheio do Espírito Santo deve constantemente converter sua vontade à de Deus.

Como tudo isso se aplica aos filhos? Você pode encontrar um McLanche Feliz no McDonald's ou um menu infantil em seu restaurante preferido, mas não encontrará uma porção do Espírito Santo para crianças. O mesmo Espírito Santo que fortalece os adultos também está disponível para os seus filhos. Quando qualquer pessoa aceita Jesus como Senhor e Salvador, recebe "O Espírito Santo que habita em nós" (2Timóteo 1:14). Sabemos que uma criança pode render sua vontade aos pais e seguir a liderança deles. Na verdade, uma das razões principais por que os pais ensinam a obediência aos seus filhos é para prepará-los para obedecerem a Deus.

Os filhos se tornam mais capazes de corresponder a uma liderança externa em diferentes estágios de desenvolvimento; alguns deles podem até ficar cientes e se sujeitarem a Deus desde cedo. Seja quando for que você fale de Deus com seus filhos, seja qual for a idade deles, certifique-se que está mantendo um equilíbrio entre o respeito por Deus, porque ele é justo, santo e julga o seu povo, e a liderança amorosa de Deus, que concede força, incentivo e direção. Muito de um tópico ou outro pode resultar em um entendimento distorcido de quem é Deus.

Um pai percebeu que estava usando de forma exagerada a Bíblia na correção e seu filho estava desenvolvendo uma opinião acerca de Deus como sendo alguém malvado. O pai fez uma mudança em sua abordagem e passou mais horas falando sobre a graça de Deus e como Deus dá essa graça livremente para aqueles que a buscam, para conceder a força necessária para lidar com os desafios — como um irmão chato ou um treinador insensato.

Quando trabalho aconselhando uma criança, uma das minhas (Scott) perguntas preferidas é: "Você é cristão?" Geralmente, a criança me olha atônita, como se dissesse: "Por que você está me perguntado isso? Pensei que iríamos trabalhar em minha raiva ou em meu relacionamento com minha mãe." É aí que falo dos benefícios distintos que desfruta uma pessoa que fez um compromisso com Cristo. Essa pessoa tem o Espírito Santo habitando dentro dela, disposto a fornecer a energia e a graça para fazer o que é certo. De vez em quando, a criança responde "não", dando-me a oportunidade de dizer: "Enquanto eu estiver trabalhando com você, um dos meus objetivos será convencê-lo a se tornar um cristão devido aos muitos recursos então disponíveis para ajudá-lo a fazer o que é certo."

Enquanto ajuda seus filhos a interagirem com Deus sozinhos, você irá desejar falar sobre o Espírito Santo, seu papel e seu desejo de liderar e fortalecer seu filho. A seguir, temos alguns pontos específicos para lembrar.

1. *O Espírito Santo vem habitar dentro de uma pessoa que confiou em Jesus como Senhor e Salvador.* E onde ele habita? Ele habita no coração, no mesmo lugar onde está a consciência, junto com os desejos e as emoções do indivíduo. Na verdade,

a presença do Espírito Santo dentro de você tem um efeito calmante, gerando uma grande sensação de paz e confiança interior. Além disso, já que o Espírito Santo habita no interior, ele está facilmente acessível, conhece seus pensamentos íntimos e nos ajuda a conhecer Deus de uma forma pessoal. 1Coríntios 2.10-12 diz: "O Espírito sonda todas as coisas, até mesmo as coisas mais profundas de Deus. Pois, quem dentre os homens conhece as coisas do homem a não ser o espírito do homem que nele está? Da mesma forma, ninguém conhece as coisas de Deus a não ser o Espírito de Deus. Nós, porém, não recebemos o espírito do mundo, mas o Espírito procedente de Deus, para que entendamos as coisas que Deus nos tem dado gratuitamente."

2. *O Espírito Santo nos fortalece para fazer o que é certo.* Uma criança que luta contra a raiva pode clamar a Deus por paz e autocontrole, duas das nove qualidades do fruto do Espírito Santo (Gálatas 5:22-23). Quando uma criança tem que conviver com a injustiça ou com a pressão de um irmão irritante, Deus concede força para lidar bem com a situação. Romanos 8:26 diz que: "Da mesma forma o Espírito nos ajuda em nossa fraqueza, pois não sabemos como orar, mas o próprio Espírito intercede por nós com gemidos inexprimíveis." Deus quer conceder força para vencermos nossos próprios desejos de fazermos a coisa errada. Na verdade, o maior poder que você tem para tratar os impulsos é a força que vem do Espírito Santo vivendo no seu interior.
3. *O Espírito Santo estimula uma criança no coração.* Às vezes, é um alerta com relação ao pecado, mas, outras vezes, é um estímulo por direção. Quando conversar sobre a motivação interna com uma criança, é bom perguntar: "O que o estimulou a verificar e confortar aquela pessoa? Foi sua consciência que fez você se sentir desconfortável porque alguém precisava de ajuda? Ou foi o Espírito Santo falando com você e lhe

dando uma direção?" Muitas crianças — e adultos, por sinal — teriam dificuldade ao responder essas questões, mas isso desperta a consciência da realidade de que Deus está falando se simplesmente o ouvirmos. Ele fala conosco em nosso coração e nos estimula a agir. A sensibilidade à liderança do Espírito Santo produz uma motivação interna maior na vida de uma criança.

4. *O Espírito Santo é nosso auxiliador e mestre.* Logo antes de Jesus deixar a Terra, ele disse aos discípulos que enviaria o seu Espírito Santo. João 14:26 diz: "Mas o Conselheiro, o Espírito Santo, que o Pai enviará em meu nome, lhes ensinará todas as coisas e lhes fará lembrar tudo o que eu lhes disse." João 16:13 diz: "Mas, quando o Espírito da verdade vier, ele os guiará a toda a verdade. Não falará de si mesmo; falará apenas o que ouvir, e lhes anunciará o que está por vir." As crianças geralmente não sabem como lidar em dadas situações. Elas precisam de ajuda. O Espírito Santo dá direção nas situações difíceis. Ele estimula as crianças a fazerem o que é certo.

As crianças, assim como os adultos, precisam de prática para interpretar adequadamente as mensagens internas no coração. Faz parte do que significa crescer na vida cristã, mas, quanto mais cedo as crianças aprenderem a ficar cientes desses estímulos, mais rápido pode acontecer o crescimento. Deus quer falar, ensinar, liderar e confortar seu filho. Ao conversar sobre as coisas espirituais e discutir sobre o papel interativo de Deus em sua própria vida, as crianças começam a viver essa realidade também em seus corações.

O relacionamento com Deus em nossos corações é o que chamamos de nível três de mentalidade. Significa estar sempre perguntando: "O que Deus está fazendo aqui? O que ele quer que eu faça?" Conforme a consciência assovia no coração de uma criança, a sensibilidade, a atenção e a receptividade geram um coração que segue a Deus. Quando você vai ao quarto e pergunta para cada pessoa da família: "O que

Deus quer que você melhore em sua vida?" Você está chamando a atenção para a obra do Espírito Santo. Isso pode ser um momento especial enquanto cada pessoa confessa uma área de fraqueza e um estímulo de Deus para fazer algumas mudanças. À medida que oram um pelo outro, ocorre uma conexão espiritual que gera uma consciência da obra de Deus na vida de seu filho. A atividade espiritual também une mais a sua família.

> O relacionamento com Deus em nossos corações é o que chamamos de nível 3 de mentalidade.

Jenni relata uma história tocante de como sua família ouviu Deus em uma noite:

> Na noite passada, tivemos um momento incrível à mesa do jantar. Meu marido ainda não tinha chegado em casa, então tivemos que comer sem ele. Judy, de quatro anos, disse que a mesa estava desigual porque estava faltando o papai.
>
> — Sim, é triste comer sem o papai.
>
> — Mas, mamãe, Deus está sempre conosco, então isso significa que ele está sentado na cadeira do papai e não estamos sozinhas!
>
> Então, Elizabeth, nossa filha de sete anos, teve a ideia de um novo jogo silencioso.
>
> — Vamos ficar bem quietas e ouvir o que Deus diz em nossas mentes e corações.
>
> Então ficamos em silêncio. Surpreendentemente, ambas estavam calmas e concentradas naquilo que ouviriam de Deus. Então, cada uma de nós compartilhou o que ouvimos.
>
> Judy disse que ela o ouviu dizer: "Eu amo você, minha filha." Elizabeth se lembrou de um livro especial que lemos juntas há muitos anos chamado *Mamãe, você me ama?* A melhor frase do livro foi aquela que Deus fez ela lembrar: "Amarei você para sempre, porque você é minha querida." Eu compartilhei com elas que Deus me lembrou de como minhas filhas são especiais e que são presentes vindos dele para serem apreciadas. Deus me lembrou o

quanto sou honrada em ser a mãe delas e que preciso ser a melhor mamãe que eu puder ser.

Então, Elizabeth teve a melhor ideia de todas.

Ela disse:

— Mamãe, levante-se e venha para a cadeira vazia com a gente.

Então, todas nós ficamos em pé ao lado da cadeira. O que aconteceu depois foi um dos momentos maternais mais preciosos que eu já tive. Elizabeth disse: "Vamos dar a Deus um grande abraço!" Todas nós nos inclinamos e abraçamos a Deus e, embora você possa dizer que abraçamos uma cadeira, nenhuma cadeira foi tão quente, amável, ou emocionante antes em minha vida. Realmente, foi um momento mágico em meio a uma noite comum de jantar.

Depois que sentamos de volta para comer, fiquei sem palavras. O que minhas filhas tinham acabado de me ajudar a sentir foi realmente um presente. Continuamos comendo e tentei engolir minha comida enquanto tentava segurar as minhas emoções.

Elizabeth acabou trocando de assento porque ela queria se sentar no colo de Deus para jantar. A inocência das crianças me deixa maravilhada, mais do que isso, a fé delas me impressiona. Não houve dúvidas nem perguntas, nem análise da situação. Deus veio jantar naquela noite e elas o receberam de braços abertos e ensinaram para sua mãe algumas coisas no processo. Antes de ser mãe, eu sabia que teria de ensinar muito para as minhas filhas, mas estou aprendendo mais a cada dia o quanto elas têm para me ensinar.

Deus fala com as crianças? A resposta é um definitivo "sim". Deus usa as crianças para cumprir sua obra no mundo. Deus usou a pequena menina serva cujo nome não é revelado na Bíblia para indicar Deus para Naamã em busca da cura. Davi matou Golias enquanto era jovem. Jesus usou o almoço de um menino para alimentar uma multidão inteira. Deus está procurando por crianças que estão dispostas a serem usadas por ele.

Samuel era um menino quando foi morar na casa do profeta Eli. No meio da noite, Deus chamou seu nome e, após algumas instruções de Eli sobre ouvir a Deus, Samuel respondeu: "Fala, pois o teu servo está ouvindo" (1Samuel 3:10). É exatamente o que queremos fazer com os nossos filhos: tornar acessíveis os caminhos e capacitar nossas crianças para ouvir a Deus e para construir um relacionamento pessoal e diário com ele.

19

Conectando as crianças com a Bíblia

A solução não começa na casa do presidente da república; a solução começa na minha casa.

Eu (Scott) vinha trabalhando com Jake por várias semanas em sua mesquinhez com seu irmão mais novo. Jake tinha 15 anos e as mudanças que precisavam acontecer em seu coração pareciam estar empacadas. Entretanto, em uma consulta particular, começamos a ver um pouco de progresso. Eis aqui como Deus trabalhou na vida dele.

— Jake, como passou esta semana: melhor, pior ou na mesma?

— Na mesma.

Sua resposta me levou a acreditar que precisávamos de uma abordagem diferente.

— Jake, você é cristão?

— Sim.

— Deus fala com você?

— Não.

— Gostaria que ele falasse?

— Acho que sim.

— Ok. Abra a Bíblia no meu iPad em Filipenses 2:3-4 e vamos ver o Deus tem a dizer. Vá em frente e leia.

Jake abriu a Bíblia e leu:

— "Nada façam por ambição egoísta ou por vaidade, mas humildemente considerem os outros superiores a si mesmos. Cada um cuide não somente dos seus interesses, mas também dos interesses dos outros."

— O que Deus está falando aí para você?

— Eu não sei.

— Aqui. Dê-me a Bíblia. Vou mostrar como Deus fala. Ele vai falar comigo neste exato momento. Observe.

Eu li os versículos e então dei uma pausa e compartilhei minha reflexão.

— Deus está me lembrando de duas coisas. Primeiro, minha esposa tem um evento importante nesta semana e preciso pensar nos interesses dela, não somente nos meus. Segundo, você está sentado na minha frente e eu preciso valorizar mais você do que a mim. Isso significa que embora eu seja um conselheiro, preciso tratá-lo como um filho do Rei. Deus falou comigo hoje. Aqui. Agora tente.

Devolvi meu iPad para ele.

Jake olhou para os versículos e eu pude ver que ele estava pensando cuidadosamente.

— Eu acho que Deus quer que eu compartilhe meu videogame com o meu irmão.

— Ótimo. Deus está falando com você, Jake. Porém, tem uma segunda pergunta que eu preciso fazer. E é esta: Se Deus fala, você está disposto a ouvir?

Jake estava no caminho certo. O segredo seria conectar o coração de Jake com a Palavra de Deus, então ele poderia crescer em sua capacidade de lidar melhor com seu irmão.

As Escrituras são diferentes de qualquer outro livro que você encontrar. As crianças podem ficar inspiradas ao ler outros livros ou ouvir uma história de um jornal, mas a Bíblia tem o poder extraordinário de mudar o coração humano. Efésios 5:26 diz que as Escrituras ajudam a nos purificar "pelo lavar da água mediante a palavra". A Bíblia nos livra do pecado. Salmos 119:9 diz: "Como pode o jovem manter pura a sua conduta? Vivendo de acordo com a tua palavra." A realidade é que a Bíblia é uma ferramenta viva que nos toca na parte mais importante do nosso ser: o coração.

Guardada no coração

Para que a Bíblia faça sua obra nos corações das crianças, é importante abordá-la de forma que elas possam entender. Salmos 119:11 diz: "Guardei no coração a tua palavra para não pecar contra ti." Pode-se guardar a Bíblia no coração de uma criança de várias maneiras. A Hora da Família sempre ajuda a transferir o conteúdo de uma história bíblica da cabeça para o coração pois enfatiza a aplicação prática.

Deus nos deu sua Palavra para transferir a mente de Deus para o coração das pessoas, resultando em um estilo de vida de serviço a ele. A Bíblia contém verdades que devem ser compreendidas em cada contexto. Nem todo mundo entende isso. Algumas pessoas chegam até a Bíblia como um livro de citações e acreditam que qualquer que seja a impressão que eles têm após ler um trecho vem de Deus. Essa é uma abordagem perigosa das Escrituras. Ela coloca autoridade na mente do leitor em vez de colocar nas próprias Escrituras.

A Bíblia deve ser entendida em seu contexto. O processo de estudar a Palavra de Deus para estipular o que significa em seu contexto é chamado de *interpretação.* Uma vez que o significado é estabelecido, então o estudante da Palavra de Deus procura por princípios dos quais seja possível extrair aplicações.

Não é uma abordagem sábia dizer "é isso que esse trecho significa para mim" quando falamos sobre a interpretação das Escrituras. A Bíblia contém uma interpretação proposta, mas vários princípios e muitas aplicações. Às vezes, aquela interpretação pode ser questionada à medida que várias pessoas tentam estabelecer qual é aquele significado, mas, quando recorremos à Bíblia, procuramos primeiramente compreender o que Deus quer dizer nas palavras sobre a página. Depois aplicamos a mensagem pessoalmente.

Uma interpretação, várias aplicações.

A aplicação da verdade de Deus pode variar de um indivíduo para o outro. Um pai ilustrou isso ao falar com seu filho sobre Efésios 4:15: "Antes, seguindo a verdade em amor, cresçamos em tudo naquele que é a cabeça, Cristo." O que Deus quer dizer nessa passagem? O contexto revela que ele está comparando uma abordagem infantil com uma abordagem mais madura. Falar a verdade em amor é resultado de uma mentalidade madura. Após conversarem sobre o contexto, falaram sobre como aplicá-lo. O pai estipulou que ele precisava ser amável em sua abordagem, mesmo quando ele tivesse razão. Gordy, seu filho de 12 anos, percebeu que tinha tendência a agradar as pessoas e ser mais amável quando precisava às vezes enfatizar a verdade. As aplicações da Palavra de Deus diferiram-se, mas a verdade continuou a mesma.

Uma das razões das Escrituras serem vivas é porque as aplicações variam e se encaixam em situações novas ou diferentes.

Uma das razões das Escrituras serem vivas é porque as aplicações variam e se encaixam em situações novas ou diferentes. Uma pessoa pode ler a Bíblia hoje e ver maneiras de colocá-la em prática que são diferentes das maneiras praticadas na semana ou no mês passado. As Escrituras são poderosas, e quando as crianças entendem isso, ler a Palavra de Deus se torna uma aventura.

Memorizar os versículos bíblicos é uma forma poderosa de levar a Palavra de Deus para a vida de uma pessoa. Às vezes, os pais afastam-se da memorização porque seus filhos podem não entender as palavras que estão recitando. E eles estão certos. As crianças podem não entender, mas ter essas palavras em mente sempre permite que Deus use-as ao longo dos anos como um jardim de verdades bíblicas crescendo no coração. Se o versículo bíblico for apenas repetido para ganhar um prêmio, então as crianças verão as Escrituras como algo superficial, sem reconhecer sua profundidade enorme e importância. Mas isso não deve impedir os pais de ajudarem seus filhos a memorizar as Escrituras. Na verdade, isso deveria ser motivação para pegar essas palavras e buscar meios de aplicá-las na vida.

A memorização é estratégica

Um pastor contou esta história: "Cresci em um lar cristão onde, graças aos meus pais e aos bons programas infantis na igreja, memorizei cerca de duzentos versículos das Escrituras enquanto estava na pré-escola e 1500 versículos quando me formei no Ensino Médio. Com certeza, não entendia tudo o que memorizava, principalmente sendo uma criancinha. Se você me perguntasse de quantos versículos me lembro, não teria certeza. Mas eu os conheço. Há momentos em que estou aconselhando alguém e lembro, 'existe um versículo sobre isso'. As palavras estão em algum lugar em minha memória e me fazem voltar às Escrituras e encontrar o versículo. Quando sou tentado ou preciso de incentivo, sempre me lembro de um versículo bíblico. Às vezes talvez não as palavras exatas, mas a ideia do versículo vem até mim e me dá justamente o que preciso naquele momento."

Memorizar a Palavra de Deus é um investimento no futuro. Pequenas pepitas de verdade são embutidas na mente. Então Deus, ao longo do tempo, transfere essas verdades para o coração. É realmente incrível reencontrar uma história bíblica ou um versículo e descobrir um novo significado à medida que a aplicação faz sentido.

Deus concedeu sua Palavra para cada coração humano. Isso significa que a Bíblia foi escrita para você e foi escrita para seus filhos. Na verdade, à medida que você vasculha as passagens na Bíblia, sempre parece que Deus incluiu aquele versículo para você, e foi o que aconteceu. A Bíblia é um livro pessoal e não simplesmente um livro de histórias ou instruções. É um livro pessoal com aplicações práticas para as situações diárias que seus filhos enfrentam.

Uma mãe estava ajudando seu filho a lidar com a raiva e disse: "Acho que Deus colocou um versículo na Bíblia só para você." Quando ele lhe lançou um olhar perplexo, ela disse: "Confira Efésios 4:31-32." Ele procurou e o versículo dizia: "Livrem-se de toda amargura, indignação e ira, gritaria e calúnia, bem como de toda maldade. Sejam bondosos e compassivos uns para com os outros, perdoando-se mutuamente, assim como Deus perdoou vocês em Cristo." Eles conversaram sobre os seis tipos diferentes de ira citados na passagem, e a mãe usou a oportunidade para ajudar seu filho a entender que, quando ele escolhe evitar a raiva e, em vez disso, escolhe a bondade, ele está agindo como Deus. Que meditação incrível para um menino de oito anos.

Memorizar a Palavra de Deus é um investimento no futuro.

Um dos objetivos principais da infância é que as crianças comecem a entender os caminhos de Deus e aprendam a andar neles. As crianças podem aprender a pensar biblicamente, mas, para isso, elas precisam de exposição constante da Bíblia e de seus ensinamentos. As Escrituras possuem um meio de adequar nossa mentalidade ao coração de Deus. As crianças aprendem que a Bíblia fala de muitas facetas da vida e é pertinente para a tomada de decisão diária.

As crianças podem tomar a iniciativa espiritualmente

É interessante notar que no Antigo Testamento parte da responsabilidade de tomar a iniciativa espiritualmente dependia das crianças. Josué capítulo 4 acompanha a história empolgante dos israelitas atravessando o rio Jordão na terra seca para entrarem na Terra Prometida. Após Deus dar as instruções para Josué construir um monumento de pedras do rio, ele fez um comentário interessante. "No futuro, quando os seus filhos lhes perguntarem: 'Que significam essas pedras?', respondam que..." As crianças fazem as perguntas.

Mas, hoje em dia, as crianças geralmente não sabem quais perguntas fazer. Dê-lhes uma lista. Por exemplo, seu filho sabe os acontecimentos que levaram você a se comprometer com Cristo? É uma boa forma de começar. Você tem marcos em sua vida que permanecem como um testemunho do poder e da graça de Deus. As crianças precisam ouvir essas histórias. Essas histórias não são apenas interessantes, mas geralmente são a aplicação da verdade de Deus.

As crianças precisam de uma perspectiva equilibrada da Palavra de Deus. Alguns pais exageram no aspecto corretivo das Escrituras, extraindo os versículos que ajudam as crianças a verem o que fizeram de errado e como elas perderam o rumo do caminho de Deus. Embora isso possa ser útil de vez em quando, se essa for a mensagem dominante que as crianças recebem, elas terão uma visão distorcida da Bíblia e podem desenvolver uma má compreensão do caráter de Deus.

Além disso, a Bíblia não é só um livro sobre ensino moral. Não estamos somente tentando fazer nossos filhos agirem da forma correta usando a Palavra de Deus como guia. A Bíblia é um livro sobre a união de Deus com o coração humano, desejando uma mudança interna e não somente uma performance externa.

A Bíblia desempenha vários papéis diferentes em nossa vida. 2Timóteo 3:16 diz: "Toda a Escritura é inspirada por Deus e útil para o ensino, para a repreensão, para a correção e para a instrução na justiça." A Bíblia não somente nos repreende, mas ela também nos ensina e nos treina. Ela também afirma que somos filhos de Deus. Às vezes, os pais podem transmitir uma mensagem de afirmação que

Às vezes, os pais podem transmitir uma mensagem de afirmação que vem do próprio Deus para uma criança.

vem do próprio Deus para uma criança. Uma mãe disse para sua filha de 12 anos: "Você sabia que Deus a ama simplesmente do jeito que você é?" Essa foi uma meditação importante para a filha, que tinha tendência a se rebaixar e a se avaliar por sua fraqueza. O fato de Deus amá-la neste momento, no processo de crescimento, era só o que ela precisava para lidar com o desânimo que estava sentindo.

A Bíblia dá soluções para a vida e os filhos podem encontrar as direções para os dias atuais. Um menino de 14 anos decidiu que Deus queria que ele fizesse mais perguntas sobre como os outros estavam se sentindo em vez de se concentrar em como ele próprio estava se sentindo. Ele foi motivado por Filipenses 2:4: "Cada um cuide não somente dos seus interesses, mas também dos interesses dos outros." Ele percebeu que podia ser um amigo melhor ao falar sobre os outros em vez de se concentrar muito nele mesmo.

Quatro áreas de teologia para tratar com as crianças

A maior parte da interação sobre fé com os filhos pode ser coberta por quatro áreas de diálogo. A beleza dessas quatro áreas é que, embora elas possam ser verdades teológicas muito profundas, também são muito simples, permitindo que até aqueles que acabaram de se entregar a Cristo conversem sobre elas e as compartilhem com seus filhos. Aqui estão as quatro áreas para incluir quando for transmitir a fé para seus filhos.

1. *Deus.* Dê-lhes um entendimento sobre Deus-Pai, Jesus e o Espírito Santo e suas respectivas obras em nossa vida.
2. *O homem.* Ajude-os a reconhecerem a nossa criação singular, a natureza pecaminosa e o propósito divino.
3. *A Bíblia.* Ela é o padrão moral de Deus e determina o certo e o errado, concede entendimento do nosso propósito e dá direção para o viver diário.

4. *O plano.* Compartilhe com eles a importância de aceitar a salvação, o discipulado e um ponto de vista sobre a vida orientada pela missão tanto individualmente como em família e na comunidade cristã.

Alguns podem discutir que a teologia é mais complexa do que isso e certamente ela pode ser. Contudo, não é necessário que você tenha todas as respostas para cada pergunta teológica antes de começar a compartilhar espiritualmente com seus filhos. É bem provável que você se depare com perguntas que irão forçá-lo a encontrar as respostas sozinho. Mas isso faz parte do que significa crescer em Cristo. E a sua busca pelas respostas é um exemplo maravilhoso para seus filhos sobre o crescimento constante da sua fé.

Seu lar é um centro de discipulado

Crescer na graça de Deus não é só para as crianças. Somos todos filhos de Deus. Mesmo que Deus tenha constituído pais para serem a autoridade no lar, pais e filhos estão caminhando lado a lado em suas jornadas espirituais. Os pais estão transmitindo a fé para os filhos propositalmente, e os filhos também podem incentivar os pais espiritualmente.

É divertido ver Deus falar com as crianças. Uma das formas de incentivá-las a ouvir a Deus é perguntar-lhes o que Deus as está ensinando. As crianças que são novas à prática de ouvir a Deus podem precisar de um pouquinho de incentivo. Quando você pergunta ao seu filho: "Deus fala com você?", qual é a resposta? Já vimos que Deus fala através de sua Palavra, mas Deus também fala através da consciência ou através de um pai ou de uma mãe, ou ele nos fala durante a oração.

Você pode dizer para sua filha ao ir à igreja: "Estarei ansiosa para ouvir o que Deus dirá para você hoje no culto infantil." Então, após o culto, pergunte-lhe. As reuniões da igreja são ocasiões em que as pessoas se encontram com Deus e não só com seus amigos. Quando você compartilha uma lição aprendida ou ouve uma criança falar sobre uma experiência na igreja, Deus pode falar através do seu diálogo.

Rick conversou com seu filho no caminho da igreja para casa:

— Miguel, o que você aprendeu hoje na igreja?

— Aprendemos sobre Noé.

O pai olhou confuso para o filho.

— Que foi? — perguntou o filho. — Sabe, a história de Noé e a arca.

— Não quis dizer "o que a professora ensinou", mas, sim, "o que Deus falou com você hoje".

O filho não soube o que responder. O pai sentiu que tinha mostrado o que queria dizer, e então deixou pra lá. Minutos depois o filho retomou a conversa.

— Aprendi que Deus pede para as pessoas fazerem coisas difíceis.

O pai tinha esquecido a conversa por um momento, então lembrou sobre o que seu filho estava falando.

— Que tipo de coisas difíceis Deus pede para você fazer?

Essa pergunta abriu toda uma discussão sobre como Miguel podia obedecer a Deus de maneira prática conforme se relacionava com seu irmão irritante e se estendeu a completar seu distintivo de escoteiro.

Rick ajudou seu filho a se conectar com a Palavra de Deus de modo surpreendente para ambos.

Rick ajudou seu filho a se conectar com a Palavra de Deus de modo surpreendente para ambos.

Eram esses tipos de conversas que Deus tinha em mente quando ele disse ao seu povo em Deuteronômio para guardarem os mandamentos nos corações dos filhos enquanto andavam pela estrada, levantavam-se de manhã, sentavam-se em suas casas e iam para a cama à noite. Esses diálogos informais sobre a vida, sobre Deus e sua Palavra ajudam os filhos a entenderem o que significa ser um discípulo de Jesus Cristo e a desenvolverem o nível três de mentalidade.

Resumindo, transmitir a fé para os seus filhos aumenta a intimidade familiar, coloca todos no mesmo time e ajuda a desenvolver as crianças que estão seguindo a Deus e estão comprometidas em servir os outros. A família é um lugar de crescimento onde pais e filhos exploram, aprendem, erram, obtêm o perdão e praticam seguir a Deus na vida diária.

O lar é um centro de formação de discípulos. É na família que os filhos aprendem o que significa ser um cristão, seguir a Jesus e viver uma vida guiada por ele.

Mas e se você for uma mãe ou um pai solteiro, ou se seu companheiro não estiver na mesma sintonia? Essa é uma ótima pergunta que precisa ser abordada para inspirar os pais que sentem falta de apoio. Na verdade, na maior parte do tempo, ou o pai ou a mãe irá sentir uma paixão maior pelo treinamento espiritual no lar. Escrevemos o próximo capítulo para incentivá-lo enquanto tenta fazer as mudanças em sua família.

20

Voando sozinho

Os pais possuem influência e intimidade. Não minimize esses dois fatores; use-os sem medo para transmitir fé a seus filhos.

Diane estava desanimada. Ela havia frequentando um dos nossos seminários e percebido que uma abordagem com base no coração para educar os filhos era muito importante. De fato, ela tentou pôr em prática algumas das coisas ensinadas no seminário e queria fazer muito mais. Mas seu marido não era cristão. Ele não estava trabalhando junto com ela para ensinar valores divinos para seus filhos. Diane estava em conflito. "Sinto como se não conseguisse ir a lugar algum se meu marido não estiver trabalhando comigo."

Quando os cônjuges estão sintonizados, transmitir a fé para os filhos pode ser um trabalho em equipe; mas, às vezes, esse não é o caso. Muitas vezes o pai e a mãe sequer estão conectados. Pode ser que o outro cônjuge não seja cristão, não esteja interessado ou simplesmente não esteja disponível. Devido a esse problema ser muito comum e ter tendência a desestimular os pais, dedicamos um capítulo inteiro para abordar esse assunto.

O poder do pai

Quando se trata de educar os filhos, a Bíblia contém algumas recomendações específicas para os pais. Efésios 3:4 diz: "Ao lerem isso vocês poderão entender a minha compreensão do mistério de Cristo." Além disso, quando se trata do relacionamento conjugal, os maridos têm uma responsabilidade espiritual com suas esposas. Efésios 5:25-28 diz:

> Maridos, amem cada um a sua mulher assim como Cristo amou a igreja e entregou-se por ela para santificá-la, tendo-a purificado pelo lavar da água mediante a palavra e para apresentá-la a si mesmo como igreja gloriosa, sem mancha nem ruga ou coisa semelhante, mas santa e inculpável. Da mesma forma, os maridos devem amar cada um a sua mulher como a seu próprio corpo. Quem ama sua mulher, ama a si mesmo.

A Bíblia é clara ao dizer que o marido possui uma influência espiritual importante na vida familiar. Se você é um marido ou pai e está lendo isso, vai querer levar sua responsabilidade bíblica a sério. Seu compromisso com Jesus Cristo será evidenciado no modo como você trabalha com sua família.

Quando os pais tomam a inciativa espiritual no lar, todos têm um melhor senso de direção e segurança. De fato, muitas dimensões do caráter de Deus são aprendidas através do modelo de uma boa paternidade. É interessante, pois Deus escolheu a figura do pai para descrever o tipo de relacionamento que ele quer ter conosco. Os pais são o equilíbrio de muitas qualidades de caráter, todas ao mesmo tempo. Eles ensinam o amor através da atenção às necessidades. Eles ensinam a santidade ao destacar o certo e o errado e ensinam sobre o perdão ao terminarem um momento de disciplina de forma positiva.

Quando os pais tomam a inciativa espiritual no lar, todos têm um melhor senso de direção e segurança.

Eles também demonstram o incentivo e a liderança do Espírito Santo enquanto ensinam aos filhos a importância das Escrituras e de se confiar nelas. Os pais possuem uma influência poderosa no lar. A sua iniciativa espiritual é muito importante para a vida familiar e você tem muitas coisas boas para oferecer que contribuem para a força espiritual da sua família.

O poder da mãe

A mãe tem a capacidade de tocar o coração do filho de uma maneira muito especial. É provável que seja por isso que Deus dá instruções em Tito 2:4 para as mulheres mais velhas ensinarem as mulheres mais jovens, entre outras coisas, a amar seus maridos e filhos. Provérbios 31 é um acróstico usando as letras do alfabeto hebraico para descrever a esposa e mãe perfeita. Embora nenhuma mulher possa agregar todos esses traços, ela é um modelo de mulher a ser seguido. A maior parte da descrição tem a ver com sua energia familiar. O caso é que existe muita coisa que uma mulher pode fazer para ajudar a família a ir bem. E observe o primeiro versículo, o qual diz de onde vem esse ensino: a mãe ensinou esse material ao filho, que transmitiu para nós.

Em 1Samuel 1-2, Ana tomou a iniciativa espiritual em sua família, resultando na bênção de Deus para eles: um filho. Provérbios 1:8 diz: "Ouça, meu filho, a instrução de seu pai e não despreze o ensino de sua mãe." Essas passagens deixam claro que o papel da mãe é importante em uma família. Se você é uma mãe que está lendo essas palavras, lembre-se de que sua iniciativa espiritual é necessária e útil para a força da sua família. Deus lhe deu alguns dons específicos, o discernimento e o conhecimento de que sua família precisa.

Voando sozinho

Quando o marido e a esposa estão de acordo no desejo de transmitir a fé para os filhos e podem agir de forma coordenada, a família toda se beneficia. Mas, e aquelas famílias, como a de Diane, em que somente um dos cônjuges está interessado nas coisas espirituais? Talvez somente um dos cônjuges seja cristão, você seja um pai ou uma mãe solteira ou o outro cônjuge seja cristão, mas não tome a iniciativa espiritual. Ou talvez um dos cônjuges esteja ausente da família por certo tempo. Em vez de dar ênfase naquilo que você não tem, é melhor enfatizar a influência espiritual que você possui. Se você é casado, então as orações constantes por seu companheiro são algo estratégico no plano de Deus para a vida familiar. Enquanto você procura por meios de tomar a iniciativa espiritualmente com seu companheiro e seus filhos, confie na graça de Deus e peça para ele conceder as coisas certas para dizer e fazer.

Às vezes, é tentador para os pais desistirem da iniciativa espiritual no lar devido à falta de parceria ou de sensibilidade espiritual do companheiro. A melhor coisa que você pode fazer é reconhecer o poder que tem enquanto pai ou mãe de influenciar espiritualmente sua família. Na verdade, você tem um chamado para continuar a influenciar seus filhos mesmo que não tenha um companheiro disposto a participar.

Há uma história interessante no Antigo Testamento de um pai que não estava suprindo a liderança espiritual em seu lar, então a mãe assumiu o controle e Deus abençoou a situação. O homem era Moisés. Em Êxodo 4:24-26, temos uma pequena história de Moisés preparando-se para levar o povo de Deus para o Egito. Ele estava prestes a fazer uma grande obra, mas não havia sido um líder espiritual em seu próprio lar. Ele não havia circuncidado seu filho. Deus estava irado e a Bíblia diz: "Numa hospedaria ao longo do caminho, o Senhor foi ao encontro de Moisés e procurou matá-lo." Obviamente, Deus leva a liderança espiritual no lar a sério, principalmente se alguém é chamado para conduzir o povo de Deus.

Deus leva a liderança espiritual no lar a sério, principalmente se alguém é chamado para conduzir o povo de Deus.

Naquele momento, Zípora, a esposa de Moisés, adiantou-se para resolver a situação. Ela circuncidou o filho e Deus ficou satisfeito. A dinâmica interessante na história é que a iniciativa espiritual de uma esposa com o filho salvou seu marido. Tenho certeza de que muitos maridos atualmente são gratos pela iniciativa espiritual de suas esposas.

No Novo Testamento, lemos sobre a fé não fingida de Timóteo, transmitida a ele por sua avó e pela mãe (2Timóteo 1:5). Onde estava o pai? Sabemos por Atos 16:3 que o pai dele era grego. Não sabemos se era cristão, mas sabemos que sua mãe e avó foram excelentes no desenvolvimento espiritual dele.

Enquanto Diane ouvia-nos compartilhar essas coisas, você podia ver o semblante dela mudar. A esperança estava entrando de novo em seu coração. Mas ela precisava de algumas ideias práticas de como agregar a espiritualidade a seu lar. Então, demos-lhe algumas ideias que a ajudaram a desenvolver um plano específico para sua família. Esse plano poderia mudar com o passar do tempo, mas Diane teve esperança de que Deus poderia usá-la em sua família.

Use sua influência de maneira sábia

Em um nível prático, se o seu cônjuge não dá apoio à sua fé, busque meios não ofensivos de influenciar os seus filhos. Muitos pais ou mães que não têm tendência a liderar espiritualmente estão dispostos a se sentarem na Hora da Família e até acharem isso empolgante e atrativo. Embora não queiram liderar os exercícios espirituais, podem estar dispostos a participar. Contudo, em alguns lares, um companheiro pode ser hostil a um treinamento espiritual e não permitir que outro cônjuge fale abertamente sobre isso. Nessas situações, será necessário procurar maneiras de transmitir a fé para o seu filho de modo que não ofenda publicamente seu companheiro. Uma mãe disse que ela leva os filhos para a escola de manhã e usa esse tempo para compartilhar o versículo bíblico do dia com eles.

Seu nível de iniciativa espiritual está diretamente relacionado à quantidade de influência que você possui na situação. Se você só vê seus filhos a cada semana ou duas ou em alguns dias nesse intervalo, então essa é a sua área de influência. Planeje-se de forma sábia e use--a bem. A realidade é que você possui influência sobre os seus filhos. À medida que você se identifica como um seguidor de Cristo, as crianças aprendem. Geralmente, essas crianças terão de escolher sozinhas um sistema de valor. Elas terão visto você ser um modelo de discipulado em sua vida ao longo dos anos e terão a base sobre a qual escolher por elas mesmas.

Seu nível de iniciativa espiritual está diretamente relacionado à quantidade de influência que você possui na situação.

Não permita que suas limitações influenciem sua visão. Na verdade, Deus age através da nossa fraqueza. Ele geralmente usa as limitações e os desafios para cumprir sua visão. A fé sob pressão brilha mais forte em um mundo escuro. Às vezes, o que parece ser um grande empecilho faz parte de algo maior que Deus está fazendo. A rainha Ester tinha várias limitações em sua vida. Ainda assim, quando tudo parecia sem esperança e impossível — tanto que nem parecia valer a pena tentar —, seu tio Mordecai disse-lhe: "Pois, se você ficar calada nesta hora, socorro e livramento surgirão de outra parte para os judeus, mas você e a família de seu pai morrerão. Quem sabe se não foi para um momento como este que você chegou à posição de rainha?"(Ester 4:14). E de fato, Deus a usou poderosamente para salvar o povo israelita.

Geralmente, não percebemos o valor da dedicação de alguém a buscar os propósitos de Deus. A realidade é que Deus ama os seus filhos. Ele tem um plano para a vida deles. Ele lhe dá a oportunidade de influenciar a vida deles somente por pouco tempo. À medida que você busca o Senhor e toma a iniciativa para discernir onde Deus está trabalhando na vida deles, você pode transmitir a fé para os seus filhos. Às vezes, são pequenas sementes que são cultivadas mais tarde em outros contextos. Outras vezes, é um jardim inteiro que você pode compartilhar e ele produz flores de bênçãos ao longo dos anos.

Deus é bom. Todos os dias, quando você se levantar, confie nele e se comprometa a ele. É bem provável que hoje mesmo ele conceda a você outra oportunidade para brilhar por Jesus em uma situação bem desafiadora.

21

Você vai aceitar o Desafio da Família?

Envie seu filho para a igreja — alimente-o espiritualmente por um dia. Viva a fé no lar — alimente-o espiritualmente pelo resto da vida.

Brian estava pronto. Você podia dizer pelo tom de sua voz que ele estava ansioso para seguir em frente, mas também um pouco receoso. "Ok. Eu concordo. Diga-me o que preciso fazer. Percebo que preciso exercitar mais a liderança espiritual em meu lar. Depois, o que eu faço? Tenho a sensação de que será melhor começar por mim. Alguma sugestão?"

"Sim, melhorar a si mesmo é o melhor a se fazer."

E boa parte do que compartilhamos neste capítulo inspirou Brian a seguir em frente e conceder mais interação espiritual a seu lar. Discutimos a importância de transmitir a fé, apresentamos as ferramentas e fornecemos estratégias úteis para fazer isso acontecer. Mas simplesmente ler sobre o assunto não causa o impacto na família. É a ação que tem uma influência duradoura. Eis aqui como você pode preparar o seu coração para aceitar o Desafio da Família.

Tenha propósito

Aceitar o Desafio da Família significa simplesmente propor-se a transmitir a fé para os seus filhos, tanto de maneira espontânea quando surgem as oportunidades quanto, no mínimo, através de uma Hora da Família estruturada a cada semana. Os desafios da família têm três objetivos: *construir o relacionamento, compartilhar as Escrituras e praticar a fé.* Conforme fizer essas três coisas, seus filhos verão mais claramente o que significa seguir a Deus e servi-lo com todo o coração. Tire um minuto para que Deus lhe dê direção e sabedoria enquanto você enfrenta o Desafio da Família. Decida agora antes de continuar lendo. Qual será o seu próximo passo?

A maioria dos pais possui livros sobre educação dos filhos encostados nas prateleiras que ainda não leram. Muitos mais têm livros que leram, mas não colocaram em prática. Pode ser bom desenvolver um plano específico e estratégico para usar alguma coisa que você aprendeu nessas páginas. É muito bom ter um plano para estimular a ação. Um plano fornece o objetivo, os próximos passos e a esperança para seguir em frente diante dos desafios.

A mudança em uma família sempre encontrará resistência. As pessoas se veem encadeadas a certos padrões de vida, e mesmo que esses padrões não sejam os melhores, elas tendem a permanecer neles porque lhes são familiares. Se quiser fazer algumas mudanças, vai precisar perseverar por várias semanas. Com o passar do tempo, você vai ajudar sua família a agir e pensar diferente e aprender a confiar em Deus pelos desafios que enfrentarão.

Como Brian, todos devemos entender que qualquer chamado ao compromisso é um desafio ao próprio coração. O coração contém itens como desejos, compromissos, emoções, paixão e convicções. Porém, só porque algo vem do coração não quer dizer que seja bom. Alguns desejos ou algumas emoções das pessoas estimulam-nas a adiar as metas, desistir enquanto enfrentam os desafios ou assumir outros compromissos que competem com as coisas mais importantes na vida delas.

Para ajudá-lo a manter seu desejo de seguir em frente com o propósito de transmitir a fé para os seus filhos, vamos dar uma olhada nestas três palavras que descrevem coisas essenciais que se desenvolvem no coração: *convicção, compromisso e paixão.* Quando seu coração está firmado nesses itens, muito pouco pode desanimá-lo de progredir rumo ao seu objetivo. Você irá precisar desses três itens quando aceitar o Desafio da Família em seu lar.

Convicção

A Bíblia ensina que as convicções são firmadas no coração. Uma convicção é uma crença tão importante que resulta em uma ação. Você conhece a história de Daniel. Com certeza, ele é um homem de convicção. A Bíblia diz: "Daniel, contudo, decidiu não se tornar impuro com a comida e com o vinho do rei, e pediu ao chefe dos oficiais permissão para se abster deles" (Daniel 1:8). Quando Jeremias descreveu a nova aliança que Deus iria estabelecer, ele escreveu que seria diferente das tábuas da lei da antiga aliança. Deus disse: "Esta é a aliança que farei com a comunidade de Israel depois daqueles dias", declara o SENHOR: "Porei a minha lei no íntimo deles e a escreverei nos seus corações. Serei o Deus deles, e eles serão o meu povo" (Jeremias 31:33). Perceba que, em ambas as passagens, as convicções são geradas no coração e só depois resultam em ações externas. Sabemos que as crenças são aceitas no coração porque Paulo descreve a salvação como fruto de um compromisso do coração. Romanos 10:9 diz que a chave para a salvação é "Se você confessar com a sua boca que Jesus é Senhor e crer em seu coração que Deus o ressuscitou dentre os mortos, será salvo."

As convicções são essenciais porque ajudam a lidar com as emoções e os desejos, duas outras facetas do coração. Se o seu *desejo* de fazer alguma coisa contrária ao seu objetivo for muito *alto*, e a sua *convicção* for *baixa*, então você será tentado a fazer outra coisa em vez de trabalhar rumo ao seu objetivo. Quando suas *convicções* são mais fortes do que as suas emoções e os seus desejos, você pode persistir mesmo quando não tiver vontade ou quando preferir fazer outra coisa. Uma convicção interior o estimula a perseverar rumo ao seu objetivo e não se distrair ou desviar do caminho.

Quando você crê que o coração do seu filho é a chave, que Deus colocou uma consciência no coração do seu filho que precisa de treinamento, que a Palavra de Deus é a lei e é algo prático para as crianças, e que o Espírito Santo procura guiar o seu filho pessoalmente para desenvolver uma motivação interna saudável, você tem uma noção básica do que é necessário para impeli-lo adiante com um senso de convicção. Treinar os filhos espiritualmente não é uma opção. Existe uma urgência em alcançar o coração de seu filho com a mensagem do plano de Deus. Se você desenvolver fortes convicções para agirem nessa área, será mais bem-sucedido em construir uma nova cultura em sua família.

Brian sabia que precisava seguir em frente. Ele estava desenvolvendo algumas convicções pessoais, mas sentia que elas não eram tão fortes. Ele decidiu que precisava passar mais tempo com Deus a cada dia para estar pronto para falar com os seus filhos. Essa crença estimulou-o a ouvir em seu celular três capítulos da Bíblia todo dia em sua ida para o trabalho. Às vezes, ele ouvia mais ou um pouco menos, mas, quando chegava ao trabalho, ele tirava dois minutos no estacionamento e anotava a lição aprendida que seria útil para sua família. O diário dele se transformou em um tesouro. Geralmente, só continha a referência das Escrituras e poucas linhas de aplicação, mas ele se viu voltando para suas anotações várias vezes durante as conversas familiares. Sua convicção de que é importante passar tempo com Deus fez ele transmitir a fé de uma forma bem mais fácil.

Compromisso

O compromisso, assim como a convicção, começa no coração. Provérbios 3:5 diz: “Confie no Senhor de todo o seu coração e não se apoie em seu próprio entendimento.” Esse desejo interno de colocar

Deus em primeiro lugar acontece no interior da pessoa, mas ela geralmente encontra outros conflitos internos. O compromisso ajuda a pessoa a manter o rumo. É uma escolha. Para aceitar o Desafio da Família, você vai precisar estar comprometido com o processo e perseverar quando a resistência e as distrações ameaçarem seus planos. É incrível como uma pessoa pode mudar uma família quando um compromisso fundamental vem do coração.

É possível que muitos obstáculos apareçam no caminho do seu progresso. Estar ocupado, más atitudes ou resistência de um cônjuge devem atrasá-lo às vezes, mas sua capacidade de perseverar após sentir vontade de desistir está diretamente ligada ao seu coração. Moisés sabia que o povo de Deus enfrentaria muitos desafios quando entrasse na Terra Prometida, então ele os desafiou a fazer um compromisso em seus corações com os mandamentos de Deus. "[Moisés] disse-lhes: 'Guardem no coração todas as palavras que hoje lhes declarei solenemente, para que ordenem aos seus filhos que obedeçam fielmente a todas as palavras desta lei. Elas não são palavras inúteis. São a sua vida. Por meio delas vocês viverão muito tempo na terra da qual tomarão posse do outro lado do Jordão'"(Deuteronômio 32:46-47).

É incrível como uma pessoa pode mudar uma família quando um compromisso fundamental vem do coração.

O seu coração é o lugar onde tudo começa. Conforme permitir que o Senhor fale com você, ele trará o seu coração a um lugar de forte compromisso, tão forte que você será capaz de fazer a obra, vencer os desafios e enfrentar os obstáculos necessários para a mudança. Não vai demorar muito antes de Deus começar a agir nos corações dos outros membros da família, e sua oração será no sentido de que, um por um, eles também desenvolvam um compromisso no momento de desfrutar com a família, falando sobre a Palavra de Deus.

Como parte do compromisso dele, Brian pediu à esposa para ajudar. Ela estava disposta, contanto que ele continuasse a liderar. Ele estabeleceu que orariam juntos uma vez por semana. Durante aquela reunião de vinte a trinta minutos, eles iriam olhar a agenda e orar pelos filhos. Eles contaram para as crianças que estavam orando por elas e até perguntaram por pedidos específicos que eles poderiam trazer diante do Senhor. No início, as crianças compartilharam coisas triviais, mas, com o passar do tempo, a oração se tornou parte integrante da vida deles. O compromisso desses pais levou a oração para um lugar central no lar e resultou em várias conversas sobre a graça, o poder e a provisão de Deus.

Paixão

Uma terceira palavra para ajudá-lo a seguir em frente é a paixão. É interessante ver o número de vezes que a paixão é revelada na Bíblia como vindo do coração. Ezequias foi um bom rei que serviu ao Senhor de todo o coração (2Crônicas 31:21). Davi disse em Salmos: "SENHOR, quero dar-te graças de todo o coração e falar de todas as tuas maravilhas" (9:1) e "Eu te busco de todo o coração; não permitas que eu me desvie dos teus mandamentos" (119:10). Em cada um dos versículos a palavra *coração* expressa a ideia de paixão.

Quando as pessoas fazem algo de todo o coração, elas estão fazendo com interesse e determinação. Às vezes, dizemos: "Ele se dedicou de todo o coração ao trabalho" ou "Ela se dedica de todo o coração ao que ela faz". A paixão mistura compromisso, convicções e emoção para levar o plano rumo ao objetivo.

Os filhos veem a paixão dos pais quando se trata de esportes, dinheiro ou de um passatempo. Será que veem a mesma paixão por Jesus Cristo? Brian, relatando sobre sua infância, contou esta história aos seus filhos: "Minha mãe amava a Jesus. Todo sábado de manhã nos reuníamos e ela nos contava histórias da Bíblia. Ela nos mantinha atraídos enquanto nos falava sobre as vitórias, os erros trágicos e os milagres na vida dos personagens. Enquanto ela falava, descascava maçãs. Toda semana, ela descascava maçãs e as transformava no melhor bolo de maçã que eu já experimentei. Ainda hoje, tenho doces lembranças da graça e do poder de Deus toda vez que eu sinto o cheiro cozido de maçãs e canela. A paixão da minha mãe pela Palavra de Deus era contagiante, e agora eu gosto de ler para vocês. Eu não descasco maçãs, mas quero que saibam que amo Jesus assim como sua avó amava."

Agora é a hora

Você acredita que Deus lhe deu a oportunidade e a responsabilidade de transmitir a fé para seus filhos? Em caso afirmativo, faça disso mais do que uma crença. Transforme-a em uma convicção. Faça dela um compromisso. Permita que a paixão preencha os seus objetivos e planos para seguir em frente. Então, veja Deus agir, fazendo coisas extraordinárias em sua família.

Será divertido ver o que acontece com você primeiro e depois as pequenas surpresas que irão surgir dos seus filhos. Um menininho chegou até sua mãe e disse: "Mãe, eu estava começando a ficar com muita raiva, mas dei uma pausa para me acalmar. Agora, estou bem." Essas palavras eram um tesouro para uma mãe que vinha tentando ajudar seu filho a lidar com a raiva. Eles haviam conversado sobre Tiago 1:19, que diz: "Meus amados irmãos, tenham isto em mente: Sejam todos prontos para ouvir, tardios para falar e tardios para irar-se." A mãe estava vendo Deus trabalhar em seu filho de cinco anos. Ele tinha um longo caminho a trilhar, mas ela estava animada, pois Deus já estava fazendo uma obra mais profunda na vida dele.

Muitas recompensas por transmitir a fé para os filhos vêm com o passar do tempo. Você está construindo uma herança divina e um legado de fé que as crianças irão usar como base para os anos futuros. O treinamento espiritual precoce que os filhos recebem quando são adolescentes, alunos da pré-escola ou até

Você está construindo uma herança divina e um legado de fé que as crianças irão usar como base para os anos futuros.

mesmo do Ensino Fundamental irá equipá-los com uma poderosa e firme fé pessoal. As crianças aprendem que Deus tem soluções para todas as áreas da vida. À medida que elas crescerem, irão continuar colocando a fé em prática. Elas verão que a Palavra de Deus dá dicas para o trabalho, para o casamento, para as amizades, para os conflitos, para as finanças e para a saúde. Elas aprenderão a integrar a fé à vida de maneiras práticas e pertinentes.

Por enquanto, porém, você está construindo uma base espiritual para os seus filhos. Você está comprometido? Em caso afirmativo, querermos pedir que você se junte aos outros ao redor do mundo que estão expressando seu compromisso de transmitir a fé para os filhos ao aceitar o Desafio da Família. Esses pais e avós estão se comprometendo com Deus e com seus filhos. Eles estão se comprometendo com o propósito de *construir o relacionamento*, *compartilhar as Escrituras* e *praticar a fé*.

No National Center for Biblical Parenting [Centro Nacional de Educação Bíblica para Filhos], temos o objetivo de capacitar os pais para transmitirem a fé para os filhos e mobilizar as igrejas para os capacitar. Estamos em missões em todo o mundo. Acreditamos que a forma mais estratégica de educar espiritualmente é através dos pais. Comece em sua própria família a transmitir a fé para os filhos e então fale a respeito do valor da família como um centro de discipulado.

Conclusão

Cultivando a esperança

Uma pequena dose de esperança fornece combustível suficiente para abrir caminho e transpor a montanha mais alta.

Educar os filhos é uma responsabilidade incrível. Você ama seus filhos e quer muito que eles cresçam na caminhada com o Senhor. Deseja que seus filhos amem o Senhor e o sirvam de todo o coração. Às vezes, é possível que enxergue fraquezas que podem decepcioná-lo e até assustá-lo, mas você procura meios de desafiar seus filhos a seguirem em frente. Uma das coisas que pode ajudá-lo nessa tarefa é manter seu foco no objetivo.

> O desenvolvimento moral e espiritual nos filhos prepara-os para a vida.

Este livro teve o objetivo de transmitir a fé para os seus filhos e lhes dar uma forte consciência e ajudá-los a *permanecer fieis às suas convicções*. O desenvolvimento moral e espiritual nos filhos prepara-os para a vida. Seus filhos enfrentarão muitos desafios, como você enfrentou. A questão é: eles terão a força interna para enfrentar o desafio? Ao aplicar as ferramentas propostas neste livro e desenvolver sua educação usando a abordagem baseada no coração, irá ajudar seus filhos a serem discípulos de Cristo.

Deus dá esperança

Às vezes, os desafios diários da vida trazem desânimo aos corações dos pais cansados. Lembre-se de que Deus tem lhe dado recursos espirituais para ajudar nesses momentos. A liberdade para orar, compartilhar com um amigo e sentir a paz que vem do Espírito Santo, tudo pode ajudá-lo a seguir em frente durante os momentos estressantes. E a própria graça de Deus irá preencher seu coração quando as reservas emocionais estiverem baixas. Nesses momentos, é muito importante lembrar a importância de confiar em Deus em vez de confiar em sua própria força.

Deus é a nossa esperança e, às vezes, ele usa as situações desafiadoras para edificar nosso coração. Mas Romanos 5:3-5 nos lembra: "Também nos gloriamos nas tribulações, porque sabemos que a tribulação produz perseverança; a perseverança, um caráter aprovado; e o caráter aprovado, esperança. E a esperança não nos decepciona, porque Deus derramou seu amor em nossos corações, por meio do Espírito Santo que ele nos concedeu." Os desafios de educar os filhos sempre fortalecem o caráter em nós e aumentam a nossa esperança ao mesmo tempo.

Sempre coloque sua esperança no Senhor. Educar os filhos é um exercício de humildade. Às vezes as crianças podem fazer os pais passarem vergonha, decepcioná-los, desiludi-los e desanimá-los. Nesses momentos, é importante confiar na graça de Deus, que ele derrama com abundância. Lembre-se sempre de que seu trabalho não é gerar os resultados. É ser fiel e permitir que o Senhor gere os frutos. Você quer ter uma consciência limpa diante do Senhor em sua própria vida com relação à educação de seus filhos. Onde você errou, peça o perdão de Deus e dos seus filhos. Faça o que é certo agora, mesmo que seja difícil. Comprometa-se com Deus e veja meios de transmitir a fé para os seus filhos. Essas são as formas mais importantes de influenciar sua família em qualquer geração. Primeiro obedeça a Deus e depois procure fazer dos seus filhos discípulos. E com a ajuda e a graça de Deus, ele irá capacitá-lo para fazer isso.

Mas a esperança não é só para os pais. Os filhos também precisam de esperança. Eles têm tendência a ver a vida como ela é no presente. Eles se concentram no que querem e se decepcionam quando erram ou não conseguem o que querem. Junto com os limites e a firmeza, amor e diálogo, verifique se parte da sua energia de educar os filhos é dedicada a desenvolver a esperança neles. As crianças precisam ter uma visão do que a vida pode ser, a liberdade para aprender com os erros e o apoio e incentivo para seguir em frente mesmo quando elas tiveram um dia ruim.

Você quer ter uma consciência limpa diante do Senhor em sua própria vida com relação à educação de seus filhos.

Pode até ser útil para você e seus filhos memorizar os versículos sobre esperança na Palavra de Deus. Um versículo de que gosto muito é Jeremias 29:1: "'Porque sou eu que conheço os planos que tenho para vocês', diz o SENHOR, 'planos de fazê-los prosperar e não de lhes causar dano, planos de dar-lhes esperança e um futuro.'" Os dois versículos seguintes revelam a chave para viver essa promessa: "Então vocês clamarão a mim, virão orar a mim, e eu os ouvirei. Vocês me procurarão e me acharão quando me procurarem de todo o coração."

Quando as crianças entendem o que realmente significa servir e seguir a Deus, coisas poderosas acontecem em seus corações. É incrível ver como crescem espiritualmente. Elas aprendem a orar, ouvir a Deus e procuram segui-lo. Quando os filhos são capacitados espiritualmente, acontecem grandes coisas.

Neste livro, tentamos dar uma visão de algo grande. Ao entender como Deus nos criou e como ele quer trabalhar na vida de cada um, você será capaz de ajudar seus filhos de maneiras mais estratégicas. O desenvolvimento moral e espiritual das crianças têm muita importância para o futuro delas. Hoje em dia muitos pais perdem a dimensão total do treinamento infantil. Mas quando você se dedicar, dia após dia, à tarefa árdua de fazer discípulos, começará a ver os frutos do seu trabalho. E, na hora certa, seus fiéis esforços terão um impacto que dura para sempre.

Sobre os autores

Scott Turansky possui dois mestrados pelo Western Conservative Baptist Seminary e um doutorado pelo Fuller Theological Seminary. Ele tem sido pastor e missionário por mais de trinta anos e é o autor de vários livros. Além de pastorear em tempo integral, Scott também dirige pelos Estados Unidos seminários sobre educar os filhos (*www.biblicalparenting.org/*).

Ele é o cofundador do National Center for Biblical Parenting e é coautor de doze livros. Ele também é coautor de três vídeos de programas de treinamento para educar os filhos usados nas igrejas nos Estados Unidos e escreveu três programas infantis para famílias e igrejas utilizarem com as crianças. Scott é casado com Carrie e tem cinco filhos.

Joanne Miller é uma enfermeira com mais de 25 anos de experiência pediátrica. Ela também é a cofundadora do National Center for Biblical Parenting e coautora de 12 livros sobre educar os filhos.

Joanne e seu marido, Ed, têm dois filhos já adultos. Ela gosta de ministrar seminários sobre educar os filhos pelos Estados Unidos e administra a maioria das operações diárias no National Center for Biblical Parenting.

Este livro foi impresso em 2016, pela
Edigráfica, para a Thomas Nelson Brasil.
A fonte usada no miolo é Adobe Caslon Pro
corpo 11. O papel do miolo é Avena 80g/m²,
e o da capa é cartão 250g/m².